Simone Anna Blumenthal

Der Kunsthandel im Digitalen Zeitalter

Simone Anna Blumenthal

Der Kunstmarkt im Digitalen Zeitalter

Chancen und Perspektiven

Graphentis Verlag

Für meine Mutter

Umschlagabbildung: INFINITY „online bidding" (Bildrechte: Fotolia LLC)

ISBN 978-3-942819-04-6

1. Auflage

Inhaltverzeichnis

1 Einleitung

Am 15.07.2013 titelt die Frankfurter Allgemeine Zeitung: „Die digitale Wende erreicht die Kunst".[1] Damit bezieht sich die Journalistin Swantje Karich auf die Rekordversteigerung[2] des Aquarells *„Liegende Frau"* von Egon Schiele durch das 2012 gegründete Online-Auktionshaus Auctionata.

Dieser außergewöhnliche Erfolg eines bis dato nicht etablierten Markteilnehmers, so wie die im Juli 2014 bekanntgegebene Kooperation von Sotheby's und Ebay wirft die Frage auf, ob sich der Kunstmarkt durch die voranschreitende Digitalisierung verändert hat.

---

[1] Karich: Die digitale Wende erreicht die Kunst, in: FAZNet vom 15.07.2013 http://www.faz.net/aktuell/feuilleton/kunstmarkt/auktionen/online-auktionshaus-auctionata-die-digitale-wende-erreicht-die-kunst-12280263.html (zuletzt aufgerufen am 01.08.2014).

[2] Das Aquarell *„Liegende Frau"* von Egon Schiele wurde am 23.06.2013 für einen Startpreis von 1.000.00,00 Euro bei Auctionata angeboten und für 1.827.250,00 Euro inklusive Käuferaufgeld versteigert.

So genannte „Onliner" in Deutschland verbringen täglich im Schnitt 169 Minuten im Internet.[3] Smartphone, Tablet und Co. treiben die mobile Online-Nutzung weiter an: Sie hat sich 2013 im Vergleich zum Vorjahr fast verdoppelt. Die wöchentliche Nutzung von Onlinevideos stieg binnen eines Jahres um 6 Prozentpunkte auf 43 Prozent.[4]

Spielte sich in der Vergangenheit vieles, was den Kunsthandel betraf, im Verborgenen ab, sodass nur ein kleiner, eingeweihter Kreis von Händlern[5] und Kunden verstand, wie Kunst gehandelt wurde und wie Preise zustande kamen, werden heute Kunstereignisse in der Öffentlichkeit diskutiert. Regelmäßige Pressemitteilungen und Publikationen berichten von Highlights des Kunstmarktgeschehens, informieren über Trends, erläutern Hintergründe und analysieren die Hauptakteure. Häufig stehen in den Pressemitteilungen die Auktionshäuser im Mittelpunkt, die durch das Erzielen von Rekordpreisen auf sich aufmerksam machen, während die Aktivitäten von Händlern, Sammlern, Museen oder privaten Kunstvermittlern nur am Rande dokumentiert werden.[6] Diese intensive Berichterstattung und das besondere Interesse der Presse sind jedoch nicht erst in Zeiten des Internets aufgekommen, sondern existieren bereits seit den 1970er Jahren. Fraglich ist jedoch, wie das Internet und eine zunehmende Verlagerung des Handels in den virtuellen Sektor den Kunstmarkt beeinflussen und ihn möglicherweise verändern.

Durch eine genaue Analyse der Verkaufsmethoden eines Online-Auktionshauses, sowie den Vergleich zu traditionell handelnden Häusern wird der Versuch unternommen, die Veränderungen durch Digitalisierung im Auktionswesen aufzuzeigen und mögliche Vor-

---

[3] Ergebnisse der ARD/ZDF-Onlinestudie 2013, vgl.: http://www.ard-zdf-online studie.de (zuletzt aufgerufen am 01.08.2014).

[4] Ebd.

[5] Aus Gründen der Vereinfachung wird ausschließlich die männliche Form verwendet. Personen weiblichen wie männlichen Geschlechts sind darin gleichermaßen eingeschlossen.

[6] Watson (1993), S. 20.

und Nachteile darzulegen. Ferner soll diese Arbeit auch die Veränderung im Kunstmessewesen erfassen. Ein Vergleich zwischen der neuen VIP Art Fair und einer klassischen Messe, wie der Art Basel, soll aufzeigen, worin mögliche Vor- und Nachteile einer Online-Kunstmesse liegen. Auch neue Unternehmensformen, die ausschließlich in einem virtuellen Marktplatz realisiert werden konnten, sollen berücksichtigt und deren Einfluss auf eine mögliche digitale Veränderung im Folgenden untersucht werden.

Anschließend wird erörtert, ob durch die Gründung verschiedener online agierender Unternehmen eine Öffnung, vielleicht sogar eine Demokratisierung des Kunstmarktes stattfinden könnte. Fraglich ist ferner, ob diese Veränderung bewirkt, dass sich der als traditionell geltende Kunsthandel auf dem Zenit seiner Zeit befindet und sich „neuen Märkten" im Internet zuwenden muss, oder ob es den marktführenden Globalplayern wie Sotheby's und Christie's gelingen wird, trotz einer voranschreitenden Digitalisierung ihr traditionelles Verkaufsmodell beizubehalten.

2 Der Kunstmarkt, eine Analyse

2.1 Die Mikroökonomie des Kunstmarktes

Die Anlage von Geld in Kunst gehört zu den ältesten Formen der Kapitalsicherung. Schon die alten Römer sammelten die hoch entwickelte Kunst ihrer griechischen Nachbarn und repräsentierten mit dieser nicht nur Reichtum und Geschmack, sondern betrieben untereinander auch regen Handel mit Kunstwerken.[7] Um den Kunstmarkt überhaupt verstehen zu können, müssen zunächst seine Besonderheiten beachtet werden. Kunst unterliegt der Knappheit, weil die Verfügbarkeit ökonomischer Ressourcen begrenzt ist, und sie unterliegt einer individuellen Nachfrage, die Folge einer subjektiven Bewertung der Käufer ist.[8] Grundsätzlich lässt sich der Kunstmarkt in zwei Kategorien unterteilen: in den Primär- und den Sekundärmarkt.

2.1.1 Der Primärmarkt

Auf dem Primärmarkt bezahlt man den Künstler für seine Fähigkeiten, seine investierte Zeit sowie die entstandenen Kosten. Erst in den vergangenen 150 Jahren entstand der Beruf des Kunsthändlers,

---

[7] Gonzales (2002), S. 79.

[8] Pommerehne (1993), S. 7.

der Ausstellungsräume zur Verfügung stellt und potenzielle Käufer anlockt. Der Händler kauft entweder direkt beim Künstler und veräußert dann dessen Werke mit einem gewissen Gewinn, wobei er dem Künstler ein regelmäßiges Einkommen garantiert, oder er nimmt das Werk in Kommission und erhält beim Verkauf eine Provision.[9] Meist legen Künstler und Händler gemeinsam einen Preis fest.

2.1.2 Der Sekundärmarkt

Kauft man Kunst hingegen auf dem Sekundärmarkt, handelt es sich meist um Werke bereits verstorbener Künstler. Erreicht ein Künstler bereits zu Lebzeiten ein hohes Ansehen, werden dessen Werke häufig auch auf dem Sekundärmarkt gehandelt.[10] Dieser lässt sich als Second-Hand-Markt der Kunst bezeichnen, weil hier Erst-, Zweit-, Dritteigentümer ihre Werke verkaufen. Der Sekundärmarkt wird in erster Linie durch Auktionshäuser, aber auch durch selbstständig tätige Kunsthändler geformt.

2.2 Historie und Entwicklung des Kunstmarktes

Wie bereits dargestellt, hat der Kunsthandel eine lange Historie, zurückreichend bis in die Antike. Im Mittelalter blieben der Besitz und der Handel mit Kunst meist nur Adel und Klerus vorbehalten. In der Renaissance und vor allem im Barock erreichten Kunsthandel und Sammlertum einen neuen Höhepunkt. Während des goldenen Zeitalters der Niederlande (1600-1700) wurde Kunst eine der bedeutendsten Formen der Geldanlage. Das Land hatte einen enormen wirtschaftlichen Aufschwung erlebt, welcher ein zahlenmäßig starkes und reiches Großbürgertum hervorbrachte. Da weder die Börse noch der Immobilienmarkt in der Lage waren, die großen Kapitalmengen der wohlhabenden Bevölkerung aufzunehmen,

---

[9] Findlay (2012), S. 15.

[10] Ebd.

12

wurden große Geldsummen in Kunstobjekten angelegt.[11] Selbst niedere Bevölkerungsgruppen, wie Bauern und Handwerker, investierten in Kunst mit dem Ziel, einer Inflation entgegenzuwirken. Der Umsatz dieser Bilder erfolgte über Händler und spezielle Börsen und das damals aufblühende Auktionswesen.[12]

Mit dem modernen Kunsthandel setzte die Tendenz ein, dass sich die großen Auktionshäuser und wichtigen Galerien mit ihren Filialen überall auf der Welt ausbreiteten.[13] Die Entwicklung des modernen Kunsthandels ist geprägt durch ständige Konkurrenz und Expansion. Auch der Kunstmarkt wurde von dem Globalisierungstrend erfasst. Dass sich einzelne Auktionshäuser als Marktführer etablieren konnten, liegt an verschiedenen wirtschaftlichen Ausgangssituationen, vor allem aber auch an rechtlichen Vorgaben der einzelnen Staaten.[14] Der Anfang des zeitgenössischen Auktionswesens lässt sich nicht auf einen genauen Zeitpunkt festlegen. Auch ein konkreter Ort des Beginns lässt sich nicht nachweisen; vielmehr lässt sich feststellen, dass zu den Handelsmetropolen bereits zu einem frühen Zeitpunkt London, Paris und Amsterdam gehörten.[15]

Die beiden größten Auktionshäuser, Sotheby's und Christie's, stehen exemplarisch für die Entwicklung des modernen Auktionshandels. Die heutige Aktiengesellschaft Christie's wurde 1766 in London gegründet, wobei hier das Datum der ersten Auktion als Gründungsdatum festgelegt wurde. Die Wurzeln von Sotheby's, ebenfalls heute eine Aktiengesellschaft, liegen ebenfalls in London. 1733 mit einem Buchgeschäft begonnen, hielt Samuel Baker 1744 die erste Versteigerung ab.[16]

---

[11] Gonzales (2002), S. 79.

[12] Ebd.

[13] Herchenröder (2000), S. 1684 ff.

[14] Drinkuth (2003), S. 11.

[15] North/ Ormrod (1998), S. 43.

[16] Ebd.

Vor 1970 war der Kunstmarkt ein relativ kleiner, in erster Linie von Liebhabern und Sammlern wahrgenommener Markt.[17] Zwar entwickelten sich zu Beginn der 1970er Jahre die ersten spekulativen Tendenzen, allerdings hatten diese noch keine Auswirkung auf den Markt.[18] Mitte der 1980er Jahre verzeichneten die Weltbörsen einen steilen Aufstieg und warfen kontinuierlich immer größere Gewinne ab. Bis zum großen Börsencrash 1987, bei dem die Börsen um 33 % fielen, blühte auch der Kunstmarkt und konnte sein Volumen mehr als verdoppeln.[19] Erstaunlicherweise investierten die enttäuschten Großanleger nach dem Crash von nun an vermehrt in Kunst. Darauf stiegen die Preise im Kunstmarkt innerhalb weniger Monate enorm an und das Marktvolumen verdreifachte sich im Zeitraum von 1987 bis 1989 auf ca. 4,5 Milliarden US Dollar.[20] Millionenzuschläge zählten Ende der 1980er Jahre in Auktionshäusern zum Alltag, geboten wurde in Schritten von 500.000 US-Dollar. Auch die zunehmende Globalisierung hatte Einfluss auf die Preisentwicklung am Kunstmarkt: Von 1987 bis 1990 kauften die Japaner schätzungsweise ein Drittel aller Kunst des 19. Jahrhunderts, der Impressionisten und der klassischen Moderne, sowie eine stattliche Anzahl an Alten Meistern.[21]

2007 wurden neue Rekorde erzielt: Auf der Auktion für zeitgenössische Kunst von Sotheby's New York im November 2007 wurde mit 315 Millionen US-Dollar ein Hausrekord aufgestellt; Christie's kam am Abend zuvor auf 325 Millionen US-Dollar.[22] Zwischen 1985 und 2005 haben sich die besten zeitgenössischen Werke immer wieder um durchschnittlich 8,8 % pro Jahr verteuert.[23]

---

[17] Gonzales (2002), S. 80.

[18] Ebd.

[19] Gonzales (2002), S. 81.

[20] Ebd.

[21] Findlay (2012), S. 161.

[22] Czostscher (2008), S. 27.

[23] Czostscher (2008), S. 27.

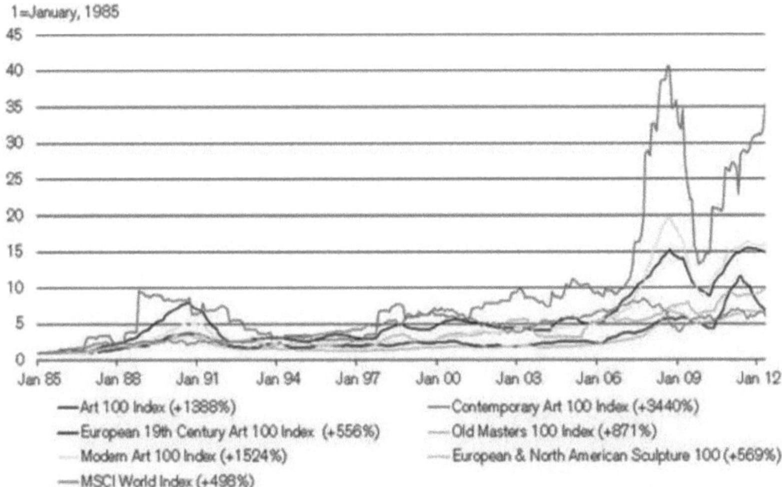

AMR (Art Market Research) Art Index 100[24]

Die beiden Globalplayer Sotheby's und Christie's haben sich inzwischen weitestgehend aus dem deutschen Markt zurückgezogen. Sotheby's hat im Herbst 1999 die letzte Auktion in seiner Münchener Filiale durchgeführt. Versuche beider Häuser, Anfang der 90er Jahre Auktionen in Berlin durchzuführen, haben nicht den gewünschten Erfolg erzielt, sodass inzwischen in Europa ausschließlich in London versteigert wird.[25] Zwar sind dem Laien häufig nur die Namen der beiden größten Auktionshäuser bekannt, doch außer Sotheby's und Christie's wird in Europa und insbesondere in Deutschland[26] auch durch andere Auktionshäuser Kunst

---

[24] https://www.credit-suisse.com/de/de/news-and-expertise/news/economy/global-trends.article.html/article/pwp/news-and-expertise/2012/07/de/art-investing-a-screaming-success.html (zuletzt aufgerufen am 01.08.2014).

[25] Drinkuth (2003), S. 30.

[26] Mit Blick auf die Umsätze von 2004 sind als erfolgreichste deutsche Auktionshäuser zu nennen: Lempertz (Köln): 35 Millionen Euro, Nagel (Stuttgart): 27 Millionen Euro, Villa Grisebach (Berlin): 26,6 Millionen Euro, Ketterer (München): 13,4 Millionen Euro, Van Ham (Köln): 10 Millionen Euro, Hauswedell & Nolte (Hamburg): 9 Millionen Euro; Zahlen nach Dittmar: Auktionshäuser steigern Umsatz – Führende deutsche Kunstversteigerer bilanzieren das Geschäftsjahr

verkauft. Die größten deutschen Auktionshäuser, wie die Villa Grisebach in Berlin, Ketter in München, Lempertz und Van Ham in Köln sowie Hauswedell in Hamburg, sind dagegen stark auf den Bereich der bildenden Kunst fokussiert. Mit den Werken deutschsprachiger Künstler lassen sich hierzulande rentable Preise erzielen. Das Dorotheum in Wien ist ein Marktführer im unteren Marktsegment und spezialisierte sich auf bildende Kunst, Jugendstil, Silber, Möbel, Briefmarken, Münzen und Automobile.[27]

Abschließend lässt sich jedoch betonen, dass, selbst wenn die Auktionshäuser mit ihren Rekordergebnissen prahlten, insgesamt mehr Geschäfte von den Händlern gemacht werden. Der Primärmarkt ist robust, solange die Preise von neuen und allmählich etablierten Künstlern vernünftig bleiben.

Verkäufer auf dem Sekundärmarkt bevorzugen oftmals die größere Kontrolle, die sich bei der Zusammenarbeit mit einem Händler bietet, und scheuen sich, ihr Glück auf einer Auktion zu versuchen.[28] Sich mit Rekordpreisen zu brüsten hat bei Auktionshäusern Tradition und wird durch die Presse zusätzlich unterstützt, obwohl die höchsten Preise in Wahrheit von Händlern erzielt werden, nur dass diese weniger von der Öffentlichkeit wahrgenommen werden.[29]

2004, in: Die Welt vom 06.02.2005, http://www.welt.de/print-wams/article1 22766/Auktionshaeuser-steigern-Umsatz.html (zuletzt aufgerufen am 01.08.2014).

[27] Wenz (2008), S. 118 f.

[28] Findlay (2012), S. 174.

[29] Fernandez: „The most expensive paintings ever sold", in: theartwolf.com, vgl.: http://www.theartwolf.com/10_expensive.htm (letzter Zugriff am 01.08.2014).

3 Das Auktionswesen

3.1 Die traditionellen Auktionshäuser: Sotheby's und Christie's

Auktion wird im Allgemeinen definiert als organisierte Marktveranstaltung, also eine zu einer bestimmten Zeit an einem bestimmten Ort stattfindende Veranstaltung, auf der eine große Anzahl von Interessenten durch Abgabe von Preisgeboten offen um die von Anbietern, die ihre Waren beim Auktionshaus eingeliefert haben und auf der Versteigerung durch den Auktionator vertreten werden, offerierten Waren konkurrieren.[30]

Ein wichtiger Schritt für die gesonderte Position der Auktionshäuser Sotheby's und Christie's ist – neben einer globalen Expansion – auch ihre Wahrnehmung in der Öffentlichkeit. Beide erkannten früh den ökonomischen Wert von Präsenz in der Presse.[31] 1957 versteigerte Sotheby's verschiedene französische Impressionisten und Postimpressionisten einer hochwertigen Privatsammlung. Das Besondere an dieser Auktion war, dass man eigens eine Firma en-

---

[30] Baumeister (1974), S. 6 f.

[31] Baumeister (1974), S. 19.

gagierte, die ausschließlich für die Werbung dieser Auktion zuständig war.[32] Christie's reagierte folgerichtig und engagierte von nun an ebenfalls ein PR-Unternehmen.[33] 1958 gelang Sotheby's ein weiterer wichtiger Schritt: Durch den ersten farbigen Katalog[34] und eine Live-Übertragung im Fernsehen hatte Sotheby's mit dieser Auktion bereits für ein Novum gesorgt. Die eigentliche Innovation, insbesondere im Hinblick auf die Weiterentwicklung der Versteigerungspraxis, war allerdings, dass bei dieser Versteigerung ein erster bilateraler Käuferkontakt bestand.[35] Die Käufer konnten live per Telefon, sowohl von London als auch von New York aus, gegeneinander bieten.

Seit den 1970er Jahren bemühen sich beide Konkurrenten, sowohl den privaten Sammler als auch den Kunstinteressenten anzusprechen, sodass die Kataloge von nun an immer farbig gedruckt und ausführlicher, präziser und vor allem mit zahlreichen Abbildungen ausgestattet wurden, um den Interessenten auch ohne Begutachtung der Objekte vor Ort einen authentischen Eindruck vom Angebot zu vermitteln.[36]

2000 setzte Sotheby's auf die Kooperation mit dem Internethändler amazon.com und ein Investment von 25 Millionen US-Dollar: Die Gründung von sothebys.com. Im Januar 2000 ging die Internetseite online und bot 2000 vertraglich gebundenen Händlern die Möglichkeit, in Onlineauktionen ihre Objekte anzubieten.[37] Sotheby's bot auch eigene Objekte an in der Hoffnung, zukünftig das untere und mittlere Preissegment ausschließlich online zu ver-

---

[32] Herrman (1980), S. 352 f.

[33] Herbert (1990), S. 16-17.

[34] Einen Auktionskatalog, dessen Abbildungen komplett in Farbe gedruckt waren, hatte es bis zu diesem Zeitpunkt nicht gegeben; vgl. Herbert (1990), S. 19.

[35] Herchenröder (1990), S. 242.

[36] Eisenbeis (2002), S. 370.

[37] Eisenbeis (2002), S. 373.

kaufen und dadurch teure Katalogproduktionen zu reduzieren.[38] Diese Möglichkeit der Expansion misslang.[39]

Seit 2013 gibt es bei Sotheby's die Möglichkeit, online ein Gebot abzugeben. Hierbei handelt es sich aber nur um einen Preisvorschlag, und es lässt sich während der Auktion kein Einfluss mehr auf die Höhe des Gebotes nehmen. Wird man von einem anderen Bieter überboten, hat man keinerlei Möglichkeit, sein abgegebenes Angebot zu erhöhen. Per Livestream kann allerdings die gesamte Auktion im Internet verfolgt werden. Das Auktionshaus Christie's ist bezüglich der digitalen Entwicklung bereits weiter. Mit „Christie's LIVE" hat der Bieter seit 2013 die Möglichkeit, während der laufenden Auktion am Bieterverfahren per Mausklick teilzunehmen. Nach einer einmaligen Registrierung kann der potenzielle Käufer per Mausklick, aufgerufenen Gebote bestätigen, ähnlich wie beim Handheben im Saal.

Wie im Juli 2014 bekannt gegeben, werden das Traditionshaus Sotheby's und sein Internet-Pendant eBay zukünftig bei der Versteigerung von Antiquitäten, Sammlerstücken und Kunst kooperieren. Ziel sei es, eine Plattform zu entwickeln, durch die Ebay-Nutzer bei live stattfindenden Auktionen von Sotheby's in New York mitbieten können. Ab Ende des Jahres 2014 oder Anfang 2015 wollen die beiden Anbieter ausgewählte Auktionen live im Internet übertragen.[40]

3.2 Auctionata, das Online-Auktionshaus

Das Online-Auktionshaus Auctionata wurde 2012 von Alexander Zacke und Georg Untersalmberger mit Kapital der Verlagsgruppe

---

[38] Ebd.

[39] Ende 2000 stand einem Investment von ca. 90 Millionen US-Dollar ein Umsatz von ca. 45 Millionen US-Dollar gegenüber; vgl. Eisenbeis (2002), S. 374.

[40] Gropp: Sotheby's geht mit Ebay in FAZ online vom 14.07.2014, vgl.: http://www.faz.net/aktuell/feuilleton/sotheby-s-geht-mit-ebay-adieu-noblesse-willkommen-massenpublikum-13045282.html (zuletzt aufgerufen am 01.08.2014).

Georg von Holtzbrinck und der Otto Group gegründet.[41] Auctionata betreibt nach eigenen Angaben ein Netzwerk von mehr als 200 Experten aus über 40 Ländern, das Kunstgegenstände schätzt, authentifiziert und kuratiert. Seit dem Start des Schätzdienstes im Februar 2012 wurden mehr als 10.000 Kunstgegenstände bewertet und auf ihre Echtheit überprüft.[42] Sowohl Käufer als auch Verkäufer zahlen einen Anteil in Höhe von 23,8 % des erzielten Preises: Der Käufer zahlt diesen Anteil als Aufschlag auf den Hammerpreis, der Verkäufer zahlt einen Abschlag des erzielten Preises. Damit ist Auctionata in einer vergleichbaren Preisklasse wie traditionelle Auktionshäuser.[43]

Im September 2012 ging bereits der Onlineshop Auctionatas online, im Dezember fand schließlich die erste Online-Auktion statt, die per Live-Stream im Internet übertragen wurde und einen Gesamtumsatz von 345.000 Euro erzielte.[44] Einen Online-Auktionsrekord stellte Auctionata mit der Versteigerung des Aquarells *„Liegende Frau"* von Egon Schiele auf, welches für 1,827 Millionen Euro versteigert werden konnte.

Diese Fakten allein weisen noch keinen gravierenden Unterschied zu anderen Auktionshäusern auf. Die unternehmensinternen Strukturen der beiden Marktriesen und des Onlineauktionshauses sind ähnlich aufgebaut. Einzelne Abteilungen und Experten für die jeweilig zu versteigernden Exponate sind im modernen Auktionshandel allgegenwärtig. Auch Sotheby's und Christie's erzielen regelmäßig Verkaufsrekorde, teilweise mit weitaus höheren Summen.

---

[41] Vgl. www.auctionata.com (zuletzt aufgerufen am 01.08.2014).

[42] Ebd..

[43] Vgl. bezüglich der Kosten von Christie's http://www.christies.com/features/ guides/buying-guide/related-information/buyers-premium (zuletzt aufgerufen am 01.08.2014).

[44] Karich: Die digitale Wende erreicht die Kunst, in: FAZ online vom 15.07.2013; Vgl.: http://www.faz.net/aktuell/feuilleton/kunstmarkt/auktionen/online-auktions haus-auctionata-die-digitale-wende-erreicht-die-kunst-12280263.html (zuletzt aufgerufen am 01.08.2014).

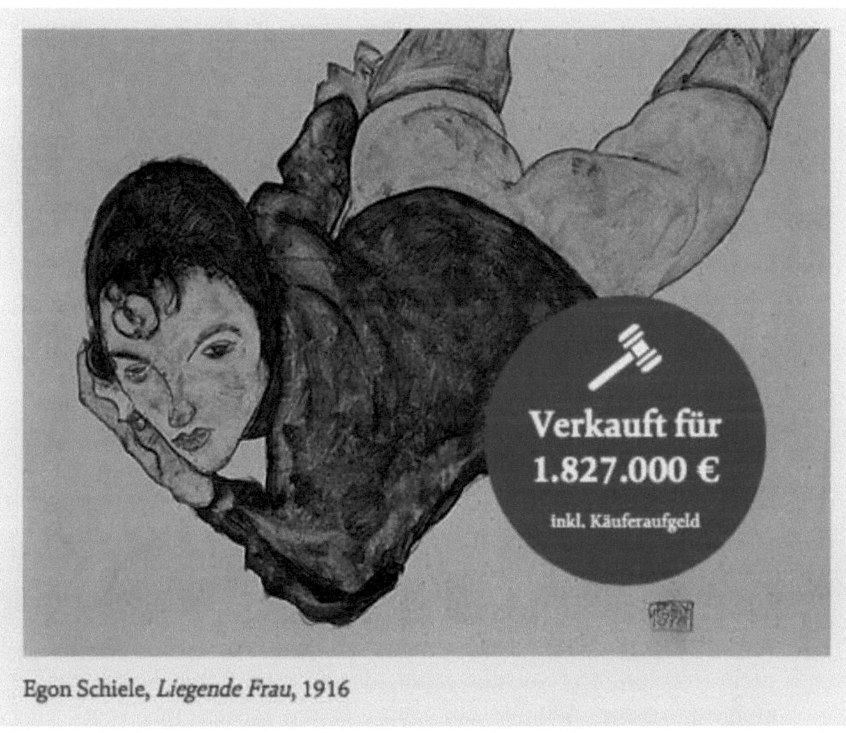

Egon Schiele, *Liegende Frau*, 1916

Screenshot: www.auctionata.com; aufgerufen am 01.08.2014

3.3 Veränderung durch Digitalität im Auktionswesen

Das Prinzip von Online-Auktionen ist spätestens seit dem populären Anbieter eBay geläufig und stellt tendenziell keine erwähnenswerte Neuerung mehr dar. Es stellt sich also die Frage, ob Auctionata tatsächlich eine derartige (digitale) Innovation darstellt, wie Auctionata selbst und die Medien das Start-up-Unternehmen gerne darstellen.

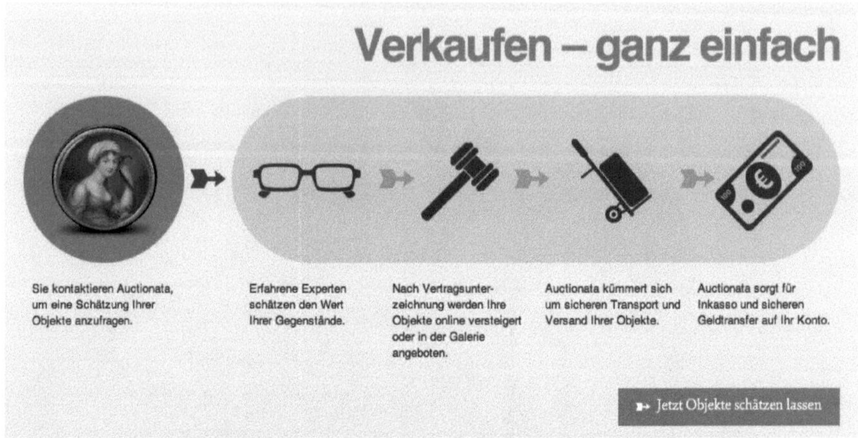

Screenshot: www.auctionata.com; aufgerufen am 10.03.2014.

3.3.1 Kundenakquise und -bindung

Wie bereits oben erläutert, ist der Kunstmarkt ökonomisch gesehen unter anderem durch die Besonderheit geprägt, dass das Angebot nicht vervielfältigt werden kann, da in erster Linie Raritäten versteigert werden. Möchte ein Sammler ein bestimmtes Werk eines Künstlers erwerben, muss er es bei dem Anbieter kaufen, bei dem es angeboten wird, eine andere Möglichkeit gibt es – zumindest in Bezug auf Oeuvres verstorbener Künstler – zunächst nicht. Folglich muss sich ein Auktionshaus in erster Linie für die Einlieferer der Güter interessant machen, denn ohne qualitativ hochwertige Einlieferungen kann keine erfolgreiche Versteigerung stattfinden. Die Verkäufer der Kunstwerke werden ein Auktionshaus bevorzugen, das möglichst hohe Preise erzielen kann. Je mehr Bieter an der Auktion teilnehmen, desto höher ist der Nutzen für den Verkäufer, da durch eine steigende Zahl der Bieter im Durchschnitt auch der Preis steigt, der letztlich zustande kommt.[45] Durch aggressive Werbung versucht das Onlineauktionshaus Auctionata sicherzustellen, dass ein möglichst hoher Kundenkreis erreicht wird.

---

[45] Müllerschön (1991), S. 74.

22

Einmal auf die Website des Auktionshauses geklickt, folgt Auctionata seinen potentiellen Kunden im Internet. Egal welche Seiten man anschließend im Internet aufruft, die so genannten Cookies laden regelmäßig Werbung auf die neu aufgerufenen Suchseiten.[46] Aber auch weniger unterschwellig möchte Auctionata mit seinen Interessenten in Kontakt bleiben. Das Online-Auktionshaus bietet potenziellen Kunden oder anderen Interessenten einen regelmäßigen Newsletter an. Einmal die Woche erhält der User dann eine E-Mail mit dem Hinweis auf kommende Versteigerungen. Die Versendung von Newslettern ist jedoch keine Neuheit in Bezug auf Online-Handel betreibende Unternehmen. Gerade Präsenz durch Newsletter ist inzwischen Teil des Standardmarketing moderner Unternehmen.

Die beiden Marktführer Sotheby's und Christie's werben auf andere Weise als Auctionata. Sie haben ein anderes Klientel und versuchen, durch persönlichen Kontakt in den einzelnen Dependancen sowie schriftliche Einladungen und Katalogsendungen die finanziell gut situierten Kunden anzusprechen. Ein Vergleich der jeweiligen Kundenakquise und -bindung ist folglich etwas schwierig. Festhalten lässt sich jedoch, dass es sinnvoll erscheint, dass ein ausschließlich virtuell agierendes Unternehmen auch vorwiegend virtuell wirbt. Eine postalische Einladung oder ein gedruckter Katalog, zumal das bei wöchentlich stattfindenden Auktionen logistisch eine Herausforderung darstellen dürfte, würde nicht zum Image des hier beschriebenen Start-ups passen.

In diesem Zusammenhang lässt sich eine leichte Veränderung durch Digitalisierung feststellen: Die Art, zu werben, hat sich der Art, zu versteigern, angepasst und sich in die virtuelle Welt verlagert.

---

[46] Karich: Die digitale Wende erreicht die Kunst, in: FAZ online vom 15.07.2013; Vgl.. http://www.faz.net/aktuell/feuilleton/kunstmarkt/auktionen/online-auktions haus-auctionata-die-digitale-wende-erreicht-die-kunst-12280263.html (zuletzt aufgerufen am 01.08.2014).

3.3.2 Überwindung räumlicher Distanz. Ein Problem des Vertrauens

Ein großer scheinbarer Nachteil der Internetauktionen ist die fehlende Möglichkeit einer Vorbesichtigung, denn dadurch kann eine größere Unsicherheit für den Käufer entstehen. Dieses Argument lässt sich allerdings relativieren, denn obwohl bei den traditionellen Auktionshäusern stets die Möglichkeit besteht, zu besichtigen, steigern viele Kunden per Telefon, ohne die begehrten Objekte vorher in Augenschein genommen zu haben. Auch Auctionata bietet seinen Kunden die Möglichkeit, im Berliner Showroom vorbei zu kommen und entweder vorher die Objekte zu besichtigen oder als traditioneller Saalbieter mit zu steigern. Somit ist theoretisch eine Überbrückung der räumlichen Distanz gar nicht notwendig. Doch das Ziel Auctionatas ist es, überwiegend online zu versteigern, und nach eigenen Angaben hat das Start-up-Unternehmen Käufer in der gesamten Welt. Unternehmensstrategie scheint folglich zu sein, bei dem Käufer nicht den Willen zu wecken, nach Berlin zu kommen, sondern dem Auktionshaus derart großes Vertrauen entgegenzubringen, dass ein Kaufvertrag ohne vorherige Besichtigung zustande kommt. Um dieses Vertrauen zu gewinnen, liefert das innovative Auktionshaus potentiellen Käufern verschiedene Argumente.

3.3.3 Garantie

Zunächst gewährt Auctionata eine „25 Jahre Echtheitsgarantie". Die Bedeutung dieser Zusage steht in den Geschäftsbedingungen: Die Garantie wirkt dergestalt, dass „Waren, deren Unechtheit in einem Schiedsgutachterverfahren vom Käufer der Ware nachgewiesen wurde, an das Auktionshaus gegen Erstattung des Kaufpreises zurückgegeben werden können."[47] Damit die Garantie greift, muss der Käufer also nachweisen, dass es sich um eine Fälschung handelt. Die Beweislast liegt somit beim Käufer. Wie aufwendig eine solche Beweisführung sein kann, ist aus diversen Fälschungsskandalen bekannt. Die Garantie suggeriert dem Käufer Sicherheit,

---

[47] Vgl. www.auctionata.com (zuletzt aufgerufen am 01.08.2014).

fördert allerdings die Nachlässigkeit beim Kauf und sollte nicht als Qualitätsgarantie gesehen werden.[48] Wenn sich die Kundenbindung nicht über Jahre entwickeln kann, werden Gütesiegel erfunden, um potentielle Neukunden zu akquirieren.

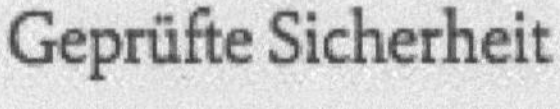

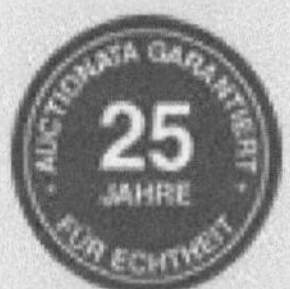
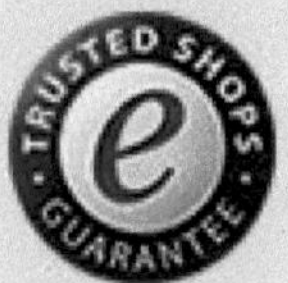
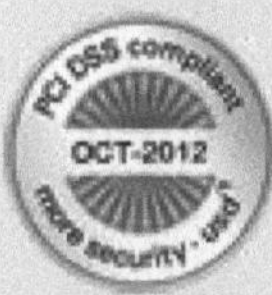
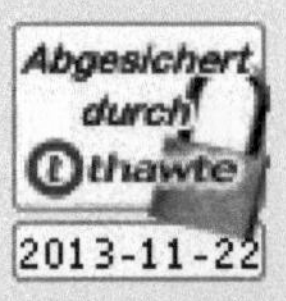

Screenshot: www.auctionata.com; aufgerufen am 10.03.2014.

Problematisch ist diese Garantie auch hinsichtlich der Frage, was aus einem Unternehmen, das noch keine fünf Jahre am Markt agiert, in 25 Jahren wird. Im Falle einer Insolvenz Auctionatas greifen die 1,5 % des Bruttoumsatzes des Unternehmens, die laut der Geschäftsführung für solche Garantiefälle auf einem Bilanzkonto gebucht werden.[49] Ob das ausreichend sein wird, muss die Zukunft zeigen.

---

[48] Karich: Die digitale Wende erreicht die Kunst in FAZ online vom 15.07.2013; vgl.:http://www.faz.net/aktuell/feuilleton/kunstmarkt/auktionen/online-auktions haus-auctionata-die-digitale-wende-erreicht-die-kunst-12280263.html; zuletzt aufgerufen am 01.08.2014.

[49] Karich: Die digitale Wende erreicht die Kunst in FAZ online vom 15.07.2013; vgl.:http://www.faz.net/aktuell/feuilleton/kunstmarkt/auktionen/online-auktions haus-auctionata-die-digitale-wende-erreicht-die-kunst-12280263.html; zuletzt aufgerufen am 01.08.2014.

Generell lässt sich bezüglich der vom Auktionshaus angebotenen Garantie festhalten, dass man Glaubwürdigkeit nur schwer produzieren kann, sie muss im Laufe der Zeit allmählich heranwachsen. Es bleibt folglich abzuwarten, wie Auctionata sich bei ersten Inanspruchnahmen des Garantiefalls verhält und ob aus diesem Verhalten zu den Kunden ein Vertrauensverhältnis erwachsen kann.

3.3.4 Transparenz

Fragt man bei Auctionata nach, warum Kunden dieser Internetplattform überhaupt vertrauen sollten, lautet die Antwort: „Transparenz".[50] Als im Dezember 2012 Zweifel an einem Werk von Oskar Kokoschka aufkamen, habe man die Diskussion auf der Internetseite offen gelegt.[51] Auctionata publizierte Hinweise, und das Bild wurde schließlich für (verhältnismäßig geringe) 7.500 Euro versteigert.

Kurz vor der Versteigerung veröffentlichte Auctionata die Negativexpertise auf der eigenen Website mit dem Hinweis, die zweifelnde Äußerung beruhe nur auf Fotografien und „Materialwissenschaftliche Untersuchungen wurden nicht durchgeführt."[52] Auf diese Untersuchungen konnte allerdings auch Auctionata nicht verweisen. Das Faltblatt zur ersten Internetauktion des Unternehmens setzte trotz der Diskussion kein Fragezeichen hinter den Künstlernamen.

---

[50] In diesem Zusammenhang einen freundlichen Dank an Christiane Herzhauser und Alexander Zacke für die Bereitstellung ausführlicher Informationen über Auctionata.

[51] Karich: Die digitale Wende erreicht die Kunst in FAZ online vom 15.07.2013; vgl.:http://www.faz.net/aktuell/feuilleton/kunstmarkt/auktionen/online-auktions haus-auctionata-die-digitale-wende-erreicht-die-kunst-12280263.html; zuletzt aufgerufen am 10.03.2014.

[52] Kohldehoff: Kokoschka selbst soll die Fälschung leidgetan haben, in: FAZ vom 15.12.2012, http://www.faz.net/aktuell/feuilleton/kunstmarkt/legendenbildung-ko koschka-selbst-soll-die-faelschung-leidgetan-haben-11993682.html (zuletzt aufgerufen am 01.08.2014).

Inwiefern diese Transparenz dem Kunden hilft, bleibt fraglich. Vielmehr stellt sie eher ein Verschieben der Verantwortung auf diesen dar. Der Kunde hatte durch die vermeintliche Transparenz die Möglichkeit, beide Meinungen zu hören, und nun liegt es an ihm, für ein eventuell gefälschtes Kunstwerk zu bieten. Diese Verkaufsstrategie mutet dem Kunden zu, selbst erkennen zu müssen, was echt und was eine Fälschung ist, beziehungsweise wem er vertrauen soll. Ohne kunsthistorisches Wissen oder zumindest eine Einschätzung über die Befähigung der Gutachter ist diese Entscheidung eine unmögliche Aufgabe für einen Käufer beziehungsweise Laien.

Folglich liegt zwar insofern Transparenz vor, als ein etwaiger Meinungsstreit unter Kunsthistorikern bei den Auktionen des Onlineauktionshauses offengelegt würde, doch hilft dieses Verhalten dem Verbraucher wenig; sein Vertrauen in die Echtheit eines Objekts kann nicht gestärkt werden, wenn Auctionata im Streitfall diesbezüglich – wie im zuvor beschriebenen Fall gesehen – keine Position bezieht. Eine derartige Offenlegung eines wissenschaftlichen Diskurses konnte bei traditionellen Häusern bis dato noch nicht beobachtet werden Diese Entwicklung ist zu begrüßen, weil durch die Offenlegung eines Meinungsstreits tatsächlich ein gewisses Mehr an Transparenz entsteht, auch wenn sich diese wohl darin erschöpft, den Alltag eines Kunsthistorikers in Bezug auf Werkexpertisen und Zuschreibungsproblematiken nachvollziehen zu können; ob das allerdings für einen Käufer oder Sammler von Interesse ist, bleibt zu bezweifeln.

3.3.5 Objektpräsentation und Versteigerung

Bevor der Kunde sich bei Auctionata für eine Online-Mitsteigerung an einem Objekt entscheidet, steht ihm die Möglichkeit zur Verfügung, die zu versteigernden Objekte der kommenden Auktion auf der Internetseite des Unternehmens zu begutachten; auch eine Kontaktaufnahme per Telefon und E-Mail ist jederzeit möglich. Ähnlich wie in einem herkömmlichen Katalog werden auf Auctionatas Homepage Angaben zu Künstler, Technik, Signatur, Provenienz und dergleichen gemacht. Darüber hinaus werden dem potenziellen Kunden mehrere hochauflösende Fotos des Werkes sowie Detailaufnahmen bereitgestellt, auch ein Hineinzoomen ist möglich. Im Vergleich zu Sotheby's und Christie's ist diese Art der Betrachtungsmöglichkeit ein Novum, denn bei den traditionell handelnden Marktführern sind jeweils nur einzelne Fotos der Objekte auf der Internetseite oder im Katalog zu sehen und eine detailliertere Betrachtung ist nicht möglich.

Fraglich ist, inwieweit diese digitale Form der Begutachtung einer realen Betrachtung nahe kommt oder diese sogar ersetzen kann. Letztlich bleibt beim Konsumenten die Frage, ob ein Bild manipuliert wurde, nicht unbedingt in Bezug auf die Echtheit, aber eventuell den Zustand betreffend. Hier muss der Kunde letztendlich selbst entscheiden, ob er dem Unternehmen das Vertrauen schenkt und der digitalen Präsentation zutraut, das zu ersteigernde Objekt realitätsgetreu auf dem Bildschirm abgebildet zu haben. Eine Bildmanipulation ist vermutlich auszuschließen, da Auctionata wettbewerbsfähig bleiben möchte und versucht, sich als eine ernstzunehmende Konkurrenz zu den traditionellen Häusern zu etablieren. Fraglich ist vielmehr, ob es einem Laien tatsächlich möglich ist, anhand eines Fotos den Zustand und den Wert eines Kunstwerks zu beurteilen. Können hochauflösende Fotos die Betrachtung des Originals ersetzten? Im Hinblick auf die gängige Auktionspraxis kann diese Frage allerdings dahinstehen, denn auch auf Auktionen sind schon jetzt viele Bieter nur noch per Telefongebot vertreten und besichtigen das Original vorher nicht. Bei den großen Häusern, mit fast 200 Jahren Renommee, mag es verständlich sein, dass die Käufer auf die Einschätzung des Auktionshauses vertrauen. Inwieweit das bei einem Marktneuling gilt, bleibt abzuwarten.

Festhalten lässt sich, dass vonseiten des Auktionshauses ein möglichst großer Aufwand betrieben wird, dem Käufer ein sicheres Gefühl zu vermitteln: Eine Vor-Ort-Betrachtung in Berlin ist schließlich nicht ausgeschlossen.

Darüber hinaus möchte Auctionata nicht als ein anonymer Internetanbieter gesehen werden und zeigt sich insbesondere auf der

Homepage repräsentiert durch reale Menschen. Klaus-Dieter Müller ist beispielsweise die Person, die den Erstkontakt beantwortet.[53] Er begutachtet die via E-Mail eingesendeten Fotos und kategorisiert diese dahingehend, ob sie generell von Interesse für den Versteigerer sind und ob sie im Online-Shop verkauft oder zu einer Versteigerung zugelassen werden. Diese Vorgehensweise zeigt erneut die Nähe zu den traditionell agierenden Konkurrenten, denn auch die konventionellen Auktionshäuser entscheiden häufig anhand von Fotos über die Artikel. Nicht jedes Objekt wird zur Begutachtung in die Zentralen nach New York oder London transportiert.

Ein weiterer wichtiger Faktor, der Transparenz und Kundennähe suggerieren soll, ist die Internet-Auktion Auctionatas selbst. Von zentraler Bedeutung für den Erfolg einer Auktion sind die Auktionatoren. Diese können sowohl Angestellte des Auktionshauses als auch dessen Inhaber oder Teilhaber selbst sein. Die Qualität des Auktionators gilt allgemein als wesentlicher Erfolgsfaktor eines Versteigerungsunternehmens. Neben Kunst- und Kunstsachverstand repräsentiert der Auktionator vor allem durch seriöses Geschäftsgebaren das Auktionshaus und ist somit für den Ruf des gesamten Auktionshauses mitverantwortlich.[54]

Auch Auctionata verfügt über einen Auktionator, Fabian Markus, der die wenigen anwesenden Saalbieter und zahlreichen Online-Gebote koordiniert. Unterstützt wird er meist durch einen der Experten, der Einzelheiten zu den jeweiligen Werken erläutert. Während die beiden anwesenden Personen live von einem Berliner Aufnahmestudio via Internet in die gesamte Welt übertragen werden, hat der Bieter die Möglichkeit, in einem Live-Chat Fragen sowohl an den Auktionator als auch an den Experten zu stellen, die diese anschließend live beantworten. Für dieses globale Versteigerungsformat haben die Gründer Auctionatas ein Patent angemel-

---

[53] Vgl. www.auctionata.com (zuletzt aufgerufen am 01.08.2014).

[54] Müllerschön (1991), S. 99.

det.[55] Eine Interaktion wie bei einer realen Auktion ist also möglich, abgesehen von der räumlichen Distanz.

Grundsätzlich lässt sich zusammenfassen, dass der Kunde anonym bleibt und der Online-Anbieter sein virtuelles Image pflegen muss, um bei Kunden Vertrauen hervorzurufen, sodass diese eine Investition tätigen. Auctionata gelingt die Schaffung eines Vertrauensverhältnisses teils sehr gut; in anderen Punkten bleibt abzuwarten, wie das Online-Auktionshaus in Zukunft agieren wird.

Ob Auctionata tatsächlich an die Marktpräsenz der Globalplayer heranreichen wird, bleibt fraglich. Viel wahrscheinlicher ist es, dass das Berliner Online-Auktionshaus für mittelständische und regional agierende Auktionshäuser eine starke Konkurrenz bedeuten kann. Das von traditionellen Auktionshäusern hervorgebrachte Argument, dass die einliefernde Kundschaft häufig nicht die technologieinteressierteste Bevölkerungsschicht ist und gerade den persönlichen Kontakt im Showroom oder zur Begutachtung des Objektes sucht, wird sich in Zukunft ändern. Bereits heute ist zu erkennen, dass nicht nur junge Menschen das Internet nutzen, zunehmend wird die Zahl der Internetnutzer älter. 77,2 % der Erwachsenen ab 14 Jahren in Deutschland waren 2013 online (2012: 75,9 %); damit stieg die Zahl der Internetnutzer innerhalb eines Jahres moderat von 53,4 Millionen auf 54,2 Millionen Menschen.[56] Für das Wachstum zeichnet sich ausschließlich die Generation der so genannten „Silver Surfer" (Nutzer ab 50 Jahren) verantwortlich: Die intensivste Entwicklung vom „Offliner" zum „Onliner" machten 2013 dabei die Über-70-Jährigen von 20,1 % (2012) auf 30,4 % (2013); bei den 50- bis 59-Jährigen stieg die Internetverbreitung im selben

---

[55] Patentnummer EP2011/058453; vgl.: http://www.sumobrain.com/patents/wipo/Computer-system-exchange-messages/WO2012159665.html (zuletzt aufgerufen am 01.08.2014).

[56] Ergebnisse der ARD/ZDF-Onlinestudie 2013, vgl.: http://www.ard-zdf-onlinestudie.de (zuletzt aufgerufen am 01.08.2014).

30

Zeitraum um 6 Prozentpunkte auf 82,7 %, bei den Über-60-Jährigen um 3 Prozentpunkte auf 42,9 %.[57]

Die Einlieferer von morgen haben bereits jetzt einen anderen Bezug zur digitalen Welt und werden, wenn sie das finanzielle Kapital der vorangehenden Generation erreicht haben, vermutlich anders denken als jetzige „Offline-Einlieferer", wobei deren Zahl zunehmend schwinden wird.

3.4 Vor- und Nachteile durch digitalisierten Kunsthandel im Auktionswesen

Dass eine Veränderung des Auktionswesens durch Digitalisierung eingetreten ist, ist offensichtlich, auch wenn sie nicht derart gravierend ist, wie von Teilen der Medien suggeriert wird. Es stellt sich die Frage, wer durch diesen Wandel profitiert und wie mit eventuellen Nachteilen umgegangen werden kann.

Ein möglicher Nachteil ist das große Angebot an erwerbbaren Gegenständen, das aufgrund der Ersparnis an Kosten und Logistik zunehmen wird. Auf den ersten Blick mag man vielleicht glauben, dass eine Warenvielfalt positiv zu werten ist, nur ergibt sich daraus das Problem, dass es zunehmend schwierig wird, den Überblick zu behalten. Fraglich ist in diesem Zusammenhang, ob alle Interessenten eines Sammlungsgebiets die jeweiligen Angebote verfolgen. Dadurch könnte ein Nachteil für den Verkäufer entstehen. Dieser Nachteil ließe sich allerdings vermeiden, indem wertvolle Gegenstände ausschließlich bei Spezialauktionen angeboten würden.[58]

Von Vorteil für den Verkäufer hingegen ist die zeitnahe Schätzung durch die Experten. Durch eine Verkürzung der Logistik und

---

[57] Ebd.

[58] Vgl. Lischka: Online-Kunstauktionen: Dieses Hündchen ist 3000 Euro wert, in: Spiegel Online vom 05.12.2012, http://www.spiegel.de/netzwelt/web/online-kunstauktionen-auctionata-artnet-und-christie-s-im-ueberblick-a-870730.html (zuletzt aufgerufen am 01.08.2014).

eine Expertise via Foto und E-Mail wird es dem Verkäufer zukünftig leichter fallen, verschiedene Angebote konkurrierender Unternehmen einzuholen. Dies gilt insbesondere für Verkäufer, die nicht auf einen Höchstpreis abzielen oder kein Verständnis für die Komplexität des Kunstmarktes haben, sondern ausschließlich Einzelteile, wie beispielsweise Erbstücke, verkaufen möchten. Hier kann Auctionata insbesondere durch die große Anzahl verschiedener Experten überzeugen.

Der Vorteil für das Auktionshaus, das ausschließlich online verkauft, liegt in der Reduktion der Kosten: Zum einen durch eine weniger aufwendige Logistik, zum anderen aufgrund des Verzichts auf einen Katalog. Der Kunde jedoch profitiert von diesen Ersparnissen bei der Höhe der Taxen kaum: Wie bereits oben angeführt, veranschlagt Auctionata ähnliche Aufgelder für Einlieferung und Versteigerung wie die traditionell handelnden Unternehmen.[59]

Ein Nachteil für das online agierende Auktionshaus kann eine möglicherweise hohe Zahl der Retouren sein. Bereits bei traditionell handelnden Häusern ist dieses Problem ein großer Teil des täglichen Arbeitsaufwandes. Wenn die Kunden Auctionatas das ersteigerte Objekt vorher nicht im Original gesehen haben, sind eventuelle Rücksendungen wahrscheinlicher als bei den Konkurrenten.

Weder als Vor- noch als Nachteil, vielmehr als Fakt ist noch zu beachten, dass durch Online-Auktionen die Atmosphäre, die bei Kunstauktionen im klassischen Sinn entsteht, verloren geht. Wenn jeder Bieter allein vor seinem Computer sitzt und bietet, hat dieses Verfahren sicherlich nicht dieselbe Wirkung wie eine Veranstaltung, zu der Käufer anreisen, die sich größtenteils kennen und die ihre gegenseitige Konkurrenz sogar körperlich wahrnehmen können. Gerade im Kunsthandel, wo auch immer die Eitelkeiten der Akteure eine Rolle spielen, ist dies ein nicht zu unterschätzender

---

[59] Verkäufer zahlen einen Anteil des erzielten Preises (23,8 %), ebenso die Käufer (23,8 % Aufschlag auf den Hammerpreis). Damit ist Auctionata ähnlich teuer wie große Auktionshäuser.

Faktor, der den Kunsthandel im Auktionshaus charakteristisch prägt.

4 Kunstmessen

4.1 Eine traditionelle Messe: Art Basel

4.1.1   Die Entwicklung moderner Messen

Am Anfang der heutigen enormen Messevielfalt standen in Paris die „Salonausstellungen". Mit dem „Pariser Salon" war bereits im 19. Jahrhundert ein Qualitätsbegriff verbunden.[60] Durch die Ablehnung oder Aufnahme einer Galerie und die vertretenen Künstler in den Salon wurde bereits zu dieser Zeit großer Einfluss auf die wirtschaftliche Entwicklung der betroffenen Personen genommen.

Die erste Kunstmesse wurde 1967 unter dem Namen „Kunstmarkt Köln" – heute: „Art Cologne" – von den Galeristen Hein Stünke und Rudolf Zwirner gegründet. Motivation zu diesem Novum war, dass trotz eines großen Kunstinteresses in Deutschland und auch beachtlicher Kunstproduktion eher internationale Künstler und Galeristen die Kunstagenda bestimmten.[61] Der Umsatz dieser weltweit ersten Kunstmesse betrug eine Million D-Mark, was

---

[60] Kemle (2006), S. 14.

[61] Werner (2010), S. 18.

nach damaligen Preisen dem Wert von 200 fabrikneuen VW-Käfern entsprach und somit einen immensen Erfolg bedeutete.[62] Von dieser Leistung inspiriert, folgten bald national wie international weitere Kunstmessen. Inzwischen sind international über 100 zeitgenössische Kunstmessen entstanden.

1970 gegründet, zählt die Art Basel inzwischen zu den einflussreichsten Messen weltweit für zeitgenössische Kunst, die New York Times bezeichnete sie sogar als „den heiligen Gral" der zeitgenössischen Kunstmessen.[63] Von den Galeristen Ernst Bayeler, Trudi Bruckner und Balz Hilt gegründet, eröffnete die Messe die erste Show mit neunzig Galerien aus zehn Ländern und konnte 16.300 Besucher registrieren. Inzwischen sind die Besucherzahlen der Messe auf 70.000 gestiegen.[64] Innerhalb ihres jährlichen Rhythmus' fand sie im Frühsommer 2013 bereits zum 44. Mal in Basel statt. 2002 wurde die Messe mit der Art Basel in Miami Beach erstmals außerhalb Europas veranstaltet, 2013 kam mit der Art Basel in Hong Kong ein weiterer Standort in Südostasien hinzu.

Durch diesen immensen Erfolg hat sich als wesentliches Kriterium zur Beurteilung der Professionalität von Galerien immer mehr die regelmäßige Präsenz auf den wichtigen internationalen Messen für zeitgenössische Kunst herauskristallisiert.[65] Wer die zum Teil recht strengen Anforderungen einer Zulassung zur Art Basel, Frieze London, New Yorker Armory Show oder zur Art Cologne erfüllt, darf nicht nur auf ein gesteigertes Prestige, sondern vor allem auf gute Verkaufszahlen hoffen. Bis zu 50 Prozent des jährlichen Um-

---

[62] Werner (2010), S. 19.

[63] Vogel: „Inside Art – Business is briks at Art Basel" in: The New York Times vom 17.06.2010, http://www.nytimes.com/2010/06/18/arts/design/18vogel.html (zuletzt aufgerufen am 01.08.2014).

[64] https://www.artbasel.com/-/media/ArtBasel/Documents/ Press_Release_Basel/ 16_June_2013_End_of_Fair_Basel/ Art_Basel_1_End_Of_Fair_1_2013_1_Press_ Release_D.pdf (zuletzt aufgerufen am 01.08.2014).

[65] Kronthaler (2008), S. 94.

satzes erwirtschaften manche Kunsthändler allein durch ihre Messegeschäfte.[66]

4.1.2 Zulassung/ Teilnahmebedingungen

Um als Galerie bei der Art Basel teilnehmen zu dürfen, müssen die Bewerber an einem Auswahlverfahren teilnehmen. In den allgemeinen Geschäftsbedingungen der Art Basel befassen sich zwei Paragraphen mit dem Verfahren und den Bedingungen für die Auswahl von teilnehmenden Galerien.[67] Vorgesehen ist formal ein zweistufiges Verfahren: Die Teilnahmeentscheidung wird von der Messegesellschaft zunächst an das „Art Basel Committee" delegiert. Dieses Komitee wird jährlich neu bestellt und soll aus Galerien bestehen, die regelmäßig an der Art Basel teilnehmen und deren Integrität und Expertise über jeden Zweifel erhaben sind. Das Komitee trifft seine Entscheidung mit einfacher Mehrheit hinter verschlossenen Türen, eine Begründung der Entscheidung ist nicht vorgesehen. Die allgemeinen Geschäftsbedingungen zeigen eine Reihe von Kriterien auf, die von dem Komitee seiner Auswahl zugrunde gelegt werden sollen. Maßstab soll das Gesamtkonzept der Messe sein, relevant sind die Qualität und Dynamik der Galerie sowie der von ihr vertretenen Künstler, die vorherige Teilnahme an der Art Basel oder anderen internationalen Kunstmessen und das von der Galerie für ihre Koje vorgestellte Ausstellungskonzept.[68] Problematisch an diesem Auswahlsystem ist in gewisser Hinsicht die geringe Flexibilität der Messe, die in Verbindung mit ihrem Ruf und der „Auszeichnung", auf der Art Basel auszustellen. Werden Galerien ausgeschlossen, die in der Vergangenheit teilgenommen haben, gibt es eine immense mediale Aufmerksamkeit bezüglich des Auswahlkomitees und dessen Arbeitsweise.

---

[66] Ebd.

[67] Vgl.: AGB Art Basel, https://www.artbasel.com/-/media/ArtBasel/Documents/ABB14_Applications/ABB_Exhibition_Regulation.pdf (zuletzt aufgerufen am 01.08.2014).

[68] Ebd.

So wurde beispielsweise 2011 die renommierte Galerie Eigen+Art trotzt jahrelanger Teilnahme bei der Art Basel vom Komitee ausgeschlossen. Die 1983 von Gerd Harry Lybke gegründete Galerie Eigen+Art mit Sitz in Leipzig und Berlin hat entschieden zum Aufstieg der Neuen Leipziger Schule beigetragen, die nicht zuletzt mit ihrem prominentesten Vertreter Neo Rauch Spitzenpreise auf dem Kunstmarkt erzielt, gerade auch in den USA. Neben Eigen+Art wurden auch zwei weitere wichtige Galeristen aus Berlin ausgeladen, die sich in ihren Programmen stark unterscheiden: Mehdi Chouakri und Giti Nourbakhsch.[69] Problematisch an dem Ausschluss der Berliner Galerien ist die Tatsache, dass das Auswahlkomitee 2011 zur Hälfte aus Galeristen bestand, die in Berlin sitzen oder dort eine Dependance betreiben: Tim Neuger von Neugerriemschneider, Claes Nordenhake (ein Stockholmer Galerist, der in Kreuzberg ein ganzes Galerienhaus initiiert hat) und Jochen Meyer von Galerie Meyer Riegger.[70] Es stellt sich also die Frage, ob durch den Ausschluss von Eigen+Art, einer der bekanntesten und erfolgreichsten Berliner Galerien, die Berliner Komiteemitglieder ihre stärkste Konkurrenz ausschalten wollten.

Als Konsequenz forderte der einflussreiche Lybke Loyalität von Kollegen ein: Die Galerien, mit denen Lybke zusammenarbeitet, wurden aufgefordert, keines der Werke von Künstlern in Basel zu präsentieren, die auch Verträge mit Eigen+Art haben.[71] Folglich wurde 2011 den Sammlern kein einziges Werk von Neo Rauch, Tim Eitel oder Martin Eder gezeigt. Weil Eders Zweitgalerie Hauser & Wirth in Zürich die derzeit wichtigste Adresse für Avantgardekunst in Europa ist, Neo Rauch in den USA mit dem New Yorker Großgaleristen David Zwirner arbeitet und die New Yorker Galerie

---

[69] Timm: Kunstmesse: Neo Rauch ist ausgeladen, in: Zeit-Online vom 25.01.2011, http://www.zeit.de/2011/04/Kunstmarkt (zuletzt aufgerufen am 01.08.2014).

[70] Timm: Kunstmesse: Neo Rauch ist ausgeladen, in: Zeit-Online vom 25.01.2011, http://www.zeit.de/2011/04/Kunstmarkt (zuletzt aufgerufen am 01.08.2014).

[71] Laudenbach: Ein Mann muss tun, was ein Mann tun muss, in: Brandeins 05/2012, http://www.brandeins.de/archiv/2012/loyalitaet/ein-mann-muss-tun-was-ein-mann-tun-muss.html (zuletzt aufgerufen am 01.08.2014).

The Pace sowohl Tim Eitel als auch Carsten Nicolai vertritt – alle drei Global Player des Kunstmarktes –, waren die Auswirkungen der unter Beweis gestellten Loyalität für die Art Basel enorm[72] und verfehlte der Aufruf Lybkes sein Ziel nicht: 2012 wurde Eigen+Art wieder zugelassen. Aufgrund dieser Entscheidung muss sich das Komitee jedoch wiederum die Frage gefallen lassen, ob es tatsächlich so unabhängig und „über jeden Zweifel erhaben" ist, wie es in den Allgemeinen Geschäftsbedingungen der Messe heißt[73], oder ob es nicht vielmehr doch von positiver Presse und großen Verkäufen abhängig ist, ob es also im beschriebenen Fall die Entscheidung aus dem Jahr 2011 unter dem enormen Druck der Presse und mit Blick auf ein mögliches Ausbleiben vermögender Sammler revidierte. Diese „Zulassungsproblematik" von 2011 zeigt, wie schwierig es ist, gerecht und unabhängig die Messeteilnehmer auszuwählen, insbesondere, da auf 300 zu vergebende Plätze circa 1.000 Bewerbungen eingehen.

4.1.3   Praxis

2012 unterstrich eine weitere Neuerung die enormen wirtschaftlichen Interessen der Kunstausstellung: Die Art Basel forderte die ausstellenden Galerien auf, die Namen ihrer besten Sammler bei der Messeleitung zu hinterlegen, man wolle die VIP-Listen abgleichen, um Mehrfacheinladungen zu vermeiden.[74] Als Ausgleich wurde die exklusive Preview auf zwei Tage ausgeweitet, um einen entspannteren Kontakt zu Sammlern und Galeristen zu ermöglichen. Für die Galerien bedeutet dieser „Handel" allerdings, extrem sensible und das Geschäft sichernde Daten an die Messeleitung weiterzugeben und zudem in ihrer persönlichen Korrespondenz zu

---

[72] Ebd.

[73] Vgl.: AGB Art Basel, https://www.artbasel.com/-/media/ArtBasel/Documents/ ABB14_Applications/ABB_Exhibition_Regulation.pdf (zuletzt aufgerufen am 01.08.2014).

[74] Gerig: Art Basel verlangt von den Galerien neuerdings die Adressen ihrer Sammler, in: Tageswoche (Schweiz) vom 20.04.2012, http://www.tageswo che.ch/+axrag (zuletzt aufgerufen am 01.08.2014).

ihren besten Kunden eingeschränkt zu werden. Wurde in der Vergangenheit die Einladung teilweise sogar persönlich zur jährlichen Art Basel übermittelt, so wird diese Tätigkeit seit 2012 von der Messeleitung übernommen. Problematisch an diesem Punkt ist, dass die eingeladenen Sammler nun nicht mehr nachvollziehen können, wem sie die Einladung zu verdanken haben. Den Galerien, welche die Kunden ja erst zur Art Basel holen, ist aber sehr wohl daran gelegen, dass die eingeladenen Personen um die Herkunft ihrer Einladung wissen. Als Hauptsponsor der Messe ist NetJets besonders engagiert, Topsammler aus aller Welt zur Art Basel zu fliegen und diese entsprechend in Basel unterzubringen. So finden sich unter den regelmäßig gesehenen Sammlern unter anderem Don und Mera Rubell[75] und Roman Abramowitsch.[76]

Auch Künstler und Museen sind wie selbstverständlich auf der Messe anzutreffen. Mehr als 60 internationale Museen verkehren auf der Art Basel.[77] Die Präsenz nachgefragter Künstler, einflussreicher Museen und vermögender Sammler erzeugt jedoch auch einen gewissen Erwartungsdruck auf die Organisatoren der Messe und die Galerien als Aussteller: So sollen spektakuläre Werke gezeigt werden, die extrovertierten Sammlern gefallen, aber auch Arbeiten, die einem musealen Anspruch genügen könnten.

4.1.4 Messe-übergreifendes-Konzept

Die Art Basel ist aber nicht nur wegen ihrer besonders hochwertigen Qualität der Galerien und Künstler besonders, sondern auch aufgrund eines messehallenübergreifenden Gesamtkonzepts. Mit

---

[75] Das Sammlerehepaar besitzt unter anderem Werke von Jean-Michel Basquiat, Keith Haring, Damien Hirst, Jeff Koons, Cindy Sherman, Kara Walker und Andy Warhol, vgl.: http://rfc.museum/about-us (zuletzt aufgerufen am 01.08.2014).

[76] Abramowitsch kaufte beispielsweise im Mai 2008 zwei Gemälde von Lucian Freud und Francis Bacon für insgesamt 120 Millionen Dollar, vgl.: Zeitz: Abramowitschs Rekorde: Da knallt der Hammer, in: FAZ vom 20.05.2008, http://www.faz.net/aktuell/feuilleton/kunstmarkt/auktionen/abramowitschs-rekorde-da-knallt-der-hammer-1546362.html (zuletzt aufgerufen am 01.08.2014).

[77] Werner (2010), S. 134.

dem „Art Parcours", einer der zentralen Neuerungen seit der Übernahme der Leitung durch das Direktorduo Annette Schönholzer und Marc Spiegler im Jahr 2008, wird die Messe wieder enger mit der Stadt Basel verbunden. So werden beispielsweise Kooperationen mit dem Baseler Theater, Münster und der bedeutenden Museumslandschaft eingegangen.

Ausschlaggebend für den Erfolg der Schweizer Kunstmesse sind auch ihre zahlreichen Nebenmessen. Bis zu 20 davon begleiten in wechselnder Konstellation die Art Basel.[78] Diese auch Satellitenmessen genannten Shows fungieren als Bindeglied zwischen der Großen „Muttermesse" und den jungen, flexiblen Messen anderenorts. Die Vorteile dieser kleineren Begleitmessen sind eine bessere Übersichtlichkeit und größere Flexibilität in der Auswahl ihrer Galerien.

Quasi zwischen der Liste und dem Messegelände der Art Basel hat sich die selection artfair etablieren können. Hier kann der Besucher in persönlicher Atmosphäre auf 400 Quadratmetern ausgewählte Kunst auf hohem Niveau genießen. Die selection artfair ist die kleinste unter den anerkannten Nebenmessen der Art Basel. Die Messe ist bewusst so konzipiert, damit das Kunsterlebnis und die Erfahrungen der Besucher vertieft werden können. Zehn auf persönliche Einladung ausgewählte, internationale Galerien präsentieren über 200 zeitgenössische Kunstwerke. Die selection artfair wurde 2007 in Moskau gegründet und geht auf die gleichnamige Kunstmesse zurück.[79]

Heute wird dem Besucher der Art Basel somit ein Zusammenwirken der Stadt mit vielen kulturellen Nebenschauplätzen und weiteren kleineren Messen präsentiert, sodass nicht nur der Besuch der Messe allein, sondern vielmehr ein über die Grenze der Messehallen hinaus kunstbezogenes Gesamtkonzept diese Messe zu einer der führenden Kunstmessen weltweit macht.

---

[78] Werner (2010), S. 140.

[79] http://selection-art.com/index.php?pid=10&l=bd (zuletzt aufgerufen am 01.08.2014).

41

4.1.1 Digitaler Einfluss

Das Hauptinteresse der Art Basel jedoch ist der Verkauf von Kunst:
Im Obergeschoss der Messehalle wird Junges und Neues angeboten, unten die Etablierten der Moderne; der Besucher muss im Vor-
hinein Prioritäten setzen, alle Bereiche zu besuchen ist nahezu un-
möglich.[80] Interessant im Hinblick auf digitale Veränderungen ist
die seit 2013 (für iOS und Android kostenlos) angebotene App.
Diese erleichtert den Besuchern der Messe den Überblick über die
ausstellenden Galerien, Künstler und deren Werke.

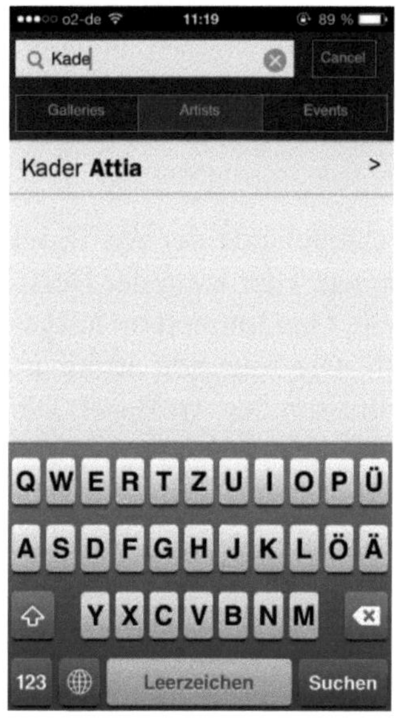

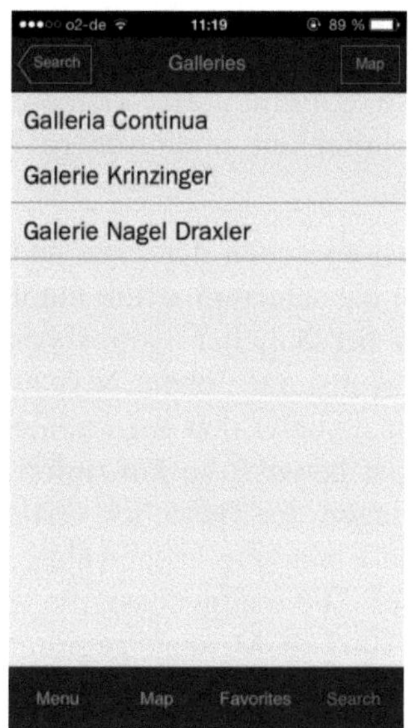

---

[80] Werner (2010), S. 134.

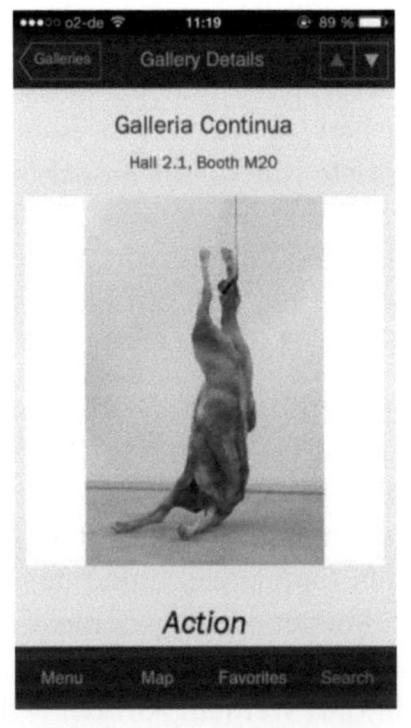

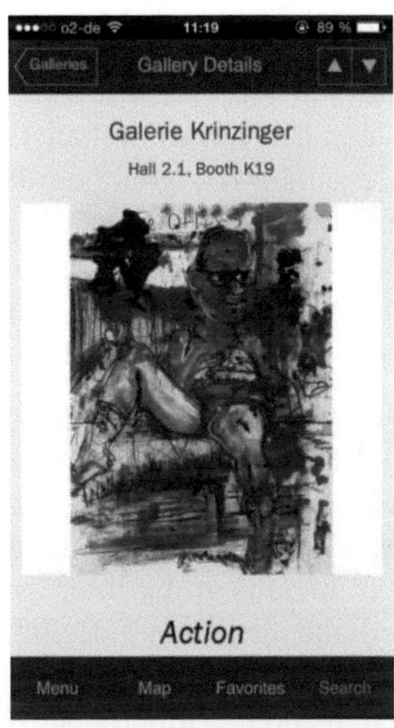

Screenshots: App Art Basel 2013, iOS-Version, zuletzt aufgerufen am 10.03.2014.

Mithilfe dieser App kann der Nutzer nach einzelnen Künstlern suchen, dessen Werke auf dem Smartphone ansehen und herausfinden, bei welcher Galerie diese Arbeiten zu kaufen sind und wo die Galerie auf der Messe ihre Koje hat. Angesichts der über 2.000 ausgestellten Kunstwerke ist dies eine enorme Erleichterung. Zwar gab es in der Vergangenheit Ausstellungskataloge, allerdings waren diese nach Galerien sortiert, sodass der Vergleich verschiedener Arbeiten eines Künstlers mit mehrfachem Hin- und Herblättern verbunden war. Die App erleichtert darüber hinaus die Orientierung auf dem Messegelände und navigiert den Besucher zum gewünschten Stand. Auch die Favoriten-Funktion ist sehr hilfreich: So kann man favorisierte Werke, Künstler oder Galerien speichern und diese dann besuchen beziehungsweise digital vergleichen.

4.2 Die Digital-Messe: VIP Art Fair

Die VIP Art Fair wurde 2010 von James und Jane Cohan, Eigentümer der James Cohan Gallery in New York, sowie Jonas und Alessandra Almgren gegründet. Die erste Messe, die ausschließlich online zu besuchen war, fand vom 22. bis 30. Januar 2011 statt. VIP steht im Namen der Messe nicht für „Very important person" sondern für „viewing in private" und bezieht sich auf die Betrachtersituation von zu Hause aus, im privaten Raum.

Diese erste Messe kann zugleich als großer Erfolg als auch als Misserfolg gesehen werden: Nach zwei Tagen stürzte der Server der ersten digitalen Kunstmesse ab, weil 40.000 Sammler aus 196 Ländern versuchten, 7,65 Millionen Mal die Seite aufzurufen.[81] Das überaus große Interesse der ersten Onlinemesse und der damit verbundene Absturz der Internetseite können unter anderem mit der Teilnahme äußerst renommierter Galerien und den damit angebotenen Werken erfolgreicher Künstler erklärt werden. Auf der VIP 1.0 zeigten insgesamt 138 Galerien aus 30 Ländern circa 2.200 Arbeiten.

Die renommiertesten internationalen Galerien hatten sich auf der Homepage einen Messestand reserviert und digitale Fotos ihrer Kunstwerke in dem virtuellen Raum aufgehängt, darunter viel Erstklassiges, wie ein Gemälde von Francis Bacon. Die Galerie-Mitarbeiter warteten vor ihren Computern darauf, dass sich Interessenten im Chatroom meldeten und sie Auskunft über die Arbeiten geben und mögliche Verkaufsverhandlungen führen konnten. Um als Galerist bei der VIP Art teilnehmen zu dürfen, gab es nicht wie bei einer „analogen Messe" räumliche Einschränkungen, sodass eine Vergabe der Plätze logisch begründet war.

---

[81] Reinhardt: Picasso online shoppen, in: Zeit-Online vom 25.01.2012, http://www.zeit.de/2012/04/Kunstmarkt (zuletzt aufgerufen am 01.08.2014).

Diane Arbus	Andreas Gursky	Jean Pigozzi
Richard Artschwager	Richard Hamilton	Jackson Pollock
Richard Avedon	Damien Hirst	Richard Prince
Francis Bacon	Howard Hodgkin	Jean Prouvé
Jo Baer	Carsten Höller	Robert Rauschenberg
Roger Ballen	Thomas Houseago	Anselm Reyle
Georg Baselitz	Neil Jenney	Auguste Rodin
Jean-Michel Basquiat	Jasper Johns	Nancy Rubins
Joseph Beuys	Y.Z. Kami	Thomas Ruff
Dike Blair	Mike Kelley	Ed Ruscha
Alighiero e Boetti	Anselm Kiefer	Tom Sachs
Cecily Brown	Martin Kippenberger	Jenny Saville
Glenn Brown	Yves Klein	Julian Schnabel

Liste der ausgestellten Künstler der VIP 1.0,
Quelle: „VIP Art für Jedermann – geht das? – Deus ex Machina".
Vgl.: http://blogs.faz.net/deus/ 2013/02/07/vip-art-fuer-jedermann-geht-
das-1064/ (zuletzt aufgerufen am 10.03.2014).

Für teilnehmende Galerien wurden verschiedene Tools zur Verkaufsförderung bereitgestellt: Ein Basis Account und ein Premium Account. Beide Mitgliedschaften kosten neben einer Setup-Gebühr monatlich 350 (Basic) bzw. 600 US-Dollar (Premium). Für Sammler hatte man die so genannten „Private Rooms" eingerichtet. In diesen Sammler-Accounts konnten auf der Plattform angebotene Kunstwerke gespeichert werden; mit einem Free-Account ließen sich bis zu zehn Werke speichern, bei dem kostenpflichtigen Zugang für 100 US-Dollar ließen sich bis zu 50 Werke speichern.[82]

Vom 3. bis zum 8. Februar 2012 fand die VIP Art Fair zum zweiten Mal statt. Bei der VIP 2.0 wurden die Serverprobleme behoben und das Konzept verändert. Nachdem Messedirektor Noah Horowitz im Oktober 2011 zur nicht-virtuellen Armory Show gewechselt hatte, wurden Profis im Online-Handel eingestellt: Liz Parks von Artnet.com nahm die Direktorenstelle ein, und seit No-

---

[82] Reinhardt: Picasso online shoppen, in: Zeit-Online vom 25.01.2012, http://www.zeit.de/2012/04/Kunstmarkt (zuletzt aufgerufen am 01.08.2014).

vember 2011 steuerte Lisa Kennedy als CEO ihre langjährige Erfahrung bei der Amazon-Tochter Quisdi bei.[83] Außerdem investierten zwei Finanziers aus Brasilien und Australien insgesamt eine Million Dollar in die Expansion. Drei weitere Kunstmessen sollten 2012 durch die VIP Art online abgehalten werden: VIP Paper (20. bis 22. April), VIP Photo (13. bis 15. Juli) und VIP Vernissage (7. bis 9. September).[84] Der Akzent der VIP 2.0 lag vor allem auf Gemälden, aber auch Skulpturen und Videos wurden angeboten. Einige Galerien boten wie im Live Shopping Arbeiten nur für eine begrenzte Zeit an. Thaddaeus Ropac (Salzburg, Paris) zeigte an jedem Tag einen anderen Künstler und hatte den 3. Februar einer 24-stündigen Live-Performance von Terence Koh gewidmet. Der Messe-Zugang war frei, jeder konnte sich durch die Seiten der Galeristen klicken. Für 50 US-Dollar oder über die Einladung einer Galerie konnte die Live-chat-Funktion genutzt werden. Eine neu eingerichtete „Museums and Editions Hall" auf der VIP 2.0 gab den Besuchern zusätzlich die Möglichkeit, Veröffentlichungen der bekanntesten internationalen Institutionen zu erwerben. Die verstärkte Integration der sozialen Medien Twitter und Facebook sollte es Besuchern erlauben, an Unterhaltungen teilzunehmen und Favoriten auszutauschen.

Eine Besonderheit der VIP Art Fair im Vergleich zu anderen internetbasierten Plattformen ist die Möglichkeit, Kunstwerke im Kontext mit anderen Werken zu zeigen. Außerdem sind die Sammler in der Lage, sie in ihrer relativen Größe am Messestand zu sehen. Dies gibt den Sammlern einen Eindruck von der realen Größe des Kunstwerkes, was normalerweise im Internet kaum möglich ist.

---

[83] Kutscher: VIP Art Fair 2.0: Das Online-Geschäft mit Kunst nimmt Fahrt auf, in: Handelsblatt vom 02.02.2012, http://www.handelsblatt.com/panorama/kunstmarkt/vip-art-fair-2-0-das-online-geschaeft-mit-kunst-nimmt-fahrt-auf/6144452.html (zuletzt aufgerufen am 01.08.2014).

[84] Ebd.

2013 wurde VIP Art Fair von Artspace.com aufgekauft.[85] Die circa 100 Galerie-Partner der VIP Art Fair gingen somit an Artspace.com als Kunden. Eine weitere Online-Messe in der Art der ursprünglichen VIP Art Fair (2.0) wurde seitdem nicht mehr abgehalten.[86]

4.3 Vor- und Nachteile digitaler Kunstmessen

Vergleicht man nun eine „analoge Messe", wie die Art Basel, mit einer Online Messe, wie der VIP Art Fair, lassen sich Gemeinsamkeiten, aber auch Unterschiede aufzeigen, wobei beide Konzepte sowohl Vor- als auch Nachteile mit sich bringen.

Generell kann davon ausgegangen werden, dass bei beiden Messen, zumindest im oberen Preissegment, dieselben Kunden anzutreffen sind. Das dürfte, neben der Tatsache, dass mit Kunst gehandelt wird, die größte Gemeinsamkeit der beiden Messen sein.

Ein Vorteil der Online-Messe ist definitiv ihre international unkomplizierte Erreichbarkeit. Interessenten und Sammler müssen nicht an einen Ort reisen, um dort Kunst anzusehen, sondern können einfach, ohne Zeitdruck, der Öffentlichkeit gegenüber anonym Kunst betrachten und diese erwerben. Diese Vereinfachung der Betrachtung und Reduktion der Reisekosten könnten sich insofern positiv auf das Kaufinteresse auswirken, dass die Käufer das „ge-

---

[85] Russeth: Artspace acquires VIP Art, in: Galleristny.com vom 04.02.2013, http://galleristny.com/2013/04/artspace-acquires-vip-art (zuletzt aufgerufen am 01.08.2014).

[86] Es kann davon ausgegangen werden, dass Artspace.com durch die Übernahme sowohl die Konkurrenz als auch Daten von Kunden wie von Galerien kaufen wollte. Es scheint kein wirtschaftliches Interesse an dem Ausstellungskonzept der VIP Art Fair zu geben, andererseits hätte man vermutlich eine weitere Online-Messe abgehalten. Die offizielle Begründung von Artspace.com lautet, dass es auf Grund der steigenden Onlineangebote im Kunsthandel nur sinnvoll ist, sich zusammen zu schließen und so den Kunstmarkt besser bedienen zu können; vgl.: http://galleristny.com/2013/04/artspace-acquires-vip-art (zuletzt aufgerufen am 01.08.2014).

sparte Geld" zusätzlich in Kunst investieren. Fraglich bleibt, ob durch die einfachere Erreichbarkeit der Messe mehr Interessenten erreicht werden. Die oben genannten Besucherzahlen (VIP Art Fair 2011: 7,65 Millionen Klicks, Art Basel 2013: 70.000 Besucher) scheinen zumindest in diese Richtung zu weisen und für eine virtuelle Messe zu sprechen. Dabei muss jedoch berücksichtigt werden, dass die Besucher der Art Basel mit ihrem Ticket teilweise mehrere Tage die Messe besuchen können, wohingegen die VIP Art Fair jeden einzelnen Seitenaufruf zählt, unabhängig davon, ob er von der selben IP-Adresse, also von ein und derselben Person, herrührt. Aber zumindest lassen sich durch diese Zahl eine gewisse Tendenz und eine zunehmende Akzeptanz eines Online-Marktes für Kunst ableiten.

Auch für die Galeristen bedeutet eine vereinfachte Logistik, die eine Online-Messe mit sich bringt, sowohl eine Zeit- als auch eine Kostenersparnis. Gerade von international erfolgreichen Galeristen ist der Veranstaltungskalender zunehmend mit Messeterminen gefüllt.

□	Event	Date	Location + Hotels	Exhibitors	Visitors	🖘
	ADAA Art Show	05. Mar - 09. Mar 14	New York	70	20000	
	Armory Show	06. Mar - 09. Mar 14	New York	275	60000	
	VOLTA NY	06. Mar - 09. Mar 14	New York	85	12000	
	Affordable Art Fair Milan	07. Mar - 09. Mar 14	Milan	70	12000	
	ART FAIR TOKYO	07. Mar - 09. Mar 14	Tokyo	165	50000	
	Affordable Art Fair London, Battersea	13. Mar - 16. Mar 14	London, Battersea	115	22000	
	Eurantica Brussels	13. Mar - 23. Mar 14	Brussels	130	28000	
	TEFAF Maastricht	14. Mar - 23. Mar 14	Maastricht	260	72000	
	Art Dubai	19. Mar - 23. Mar 14	Dubai	75	22500	
	BADA Antiques and Fine Art Fair	19. Mar - 25. Mar 14	London	105	17500	
	Affordable Art Fair Hong Kong	20. Mar - 23. Mar 14	Hong Kong	85	16500	
	ALMONEDA	26. Mar - 06. Apr 14	Madrid	160	10500	
	Art Paris	27. Mar - 30. Mar 14	Paris	125	48000	

Messetermine im März 2014. Screenshot: Artvista.de, vgl. http://www.artvista.de/kunstmessen.php, zuletzt aufgerufen am 01.08.2014.

Für die Galerien bedeutet das, dass sie ihre Kunstwerke häufig kostenintensiv von einer Messe zur nächsten transportieren müssen. Allein die Kosten für Versicherung und Transport sind nicht zu unterschätzen und entfallen bei einer online veranstalteten Messe. Hat die Galerie die Werke einmal hochauflösend fotografiert, was häufig schon der Fall ist, wenn eine aktuelle Homepage von der Galerie betrieben wird, müssen diese nur noch bei der Online-Messe hochgeladen werden und die Mitarbeiter können (sogar von zu Hause aus) potenziellen Kunden Fragen beantworten. Wünschenswert wäre, dass diese Preisreduktion an die Käufer weitergegeben würde.

Generell problematisch bei einer reinen Online-Präsentation der Kunstwerke ist es, dem Betrachter die Authentizität und die Wirkung der einzelnen Werke nahe zu bringen. Ähnliche Probleme wie das Online-Auktionshaus Auctionata hat dementsprechend auch die VIP Art Fair. Die Messe löste ihr Präsentationsproblem auf eine ähnliche Weise wie das Auktionshaus: Zum einen gab es sehr hochauflösende Fotos, in die der Betrachter hineinzoomen konnte, zum anderen wurden die Werke im Kontext gezeigt. So konnte der Betrachter mit einem Avatar durch virtuelle Räume gehen und die gezeigten Gemälde und Skulpturen zum einen in Relation zu seinem Avatar, also zum menschlichen Körper, und zum anderen in Relation zu anderen Werken betrachten. Für weitere Fragen zu Werken oder Künstlern waren die Galerien, die durch die Chatfunktion befragt werden konnten, selbst verantwortlich.

Diese Kombination aus detaillierter virtueller Darstellung und der Möglichkeit der persönlichen Korrespondenz eröffnet dem Käufer eine sehr realitätsnahe Situation, vergleichbar mit einer „analogen Messe". Problemtisch in diesem Zusammenhang ist allein die Tatsache, dass renommierte Galerien gerne Messen nutzen, um neben etablierten und bekannten Künstlern junge Talente zu präsentieren. Fraglich ist, inwieweit eine virtuelle Plattform in der Lage ist, noch Unbekanntes richtig zu präsentieren. Neuem gegenüber ist der Käufer nicht immer positiv aufgeschlossen, und wenn dann noch hinzukommt, dass das potenzielle Werk nicht im Original betrachtet werden kann, verkompliziert die Virtualität den

Kaufabschluss. Im Grunde stehen auch hier die Galerien mit ihrem Namen und den teilweise langjährigen Erfahrungen für die Qualität der Arbeiten, die sie verkaufen, und ähnlich wie bei Auctionata hat der Kunde im Endeffekt die Möglichkeit, persönlich zur Galerie zu fahren und das Werk im Original zu sehen.

Bei einer analogen Messe, wie der Art Basel, gibt es diese Problematik selbstverständlich nicht, aber gerade bei dieser wird das immense Interesse an einer Teilnahme zunehmend problematisch. Wie bereits erwähnt, bewerben sich auf 300 Plätze circa 1.000 Bewerber. Diese Begrenzung garantiert einerseits, dass nur die „besten" Galerien ausstellen, und sichert der Art Basel ihren hervorragenden Ruf. Allerdings ist die Messe dadurch gegenüber Innovationen und jungen aufkommenden Galeristen unflexibel. Wenn eine Messe, wie es die Art Basel geschafft hat, eine derartig herausragende Position erlangt, dass alljährlich viermal so viele Galerien einen Antrag auf Teilnahme stellen, als letztlich angenommen werden können, und 99 % der zugelassenen Galerien gerne wiederkommen wollen, dann geht viel Innovationskraft verloren.[87] Wie viel Fluktuation kann das Auswahlkomitee der Art Basel wagen, wenn es weiß, dass jede Absage Nichtzulassung einer bisher teilnehmenden Galerie kritisch in der Öffentlichkeit wahrgenommen wird und dieser Galerie erhebliche wirtschaftliche Konsequenzen und ein Prestigeverlust von hohem Ausmaß drohen.

Das ist gerade in der sich schnell wandelnden Kunstwelt ein Nachteil gegenüber einer rein virtuell agierenden Messe, die unproblematisch jedes Jahr so viele Galerien und Aussteller zulassen kann, wie es dem Betreiber zusagt.

Ein nicht zu unterschätzender Vorteil einer „analogen Messe" ist hingegen, dass die Konzentration der beteiligten Akteure einen enormen Informations- und Wissensaustausch bedeutet. Nirgendwo sonst trifft man in kürzester Zeit auf engem Raum so viele potenzielle Kunden, interessierte Sammler und Fachleute. Eine Messe ist auch immer ein fachlicher Austausch und eine Ideenbörse. Durch

---

[87] Werner (2010), S. 20.

inzwischen auch häufig auftretende Begleitveranstaltungen wie Sonderschauen, Vorträge und kuratierte Konzepte junger Künstler dominiert bei einer Messe nicht nur der kommerzielle Aspekt.

Auch das zunehmende Zusammenwirken mit der Stadt Basel und deren kulturellen Institutionen ermöglicht eine Erweiterung des Horizonts und eine medienübergreifende Betrachtung der Künste an sich. Ein solch umfassendes Begleitprogramm, das über den Verkauf von Kunst hinausgeht, kann bei einer online veranstalteten Messe nicht erreicht werden.

Abschließend lässt sich festhalten, dass beide Konzepte Vor- und Nachteile mit sich bringen. Die Tatsche, dass seit dem Kauf der VIP Art Fair keine weitere derartige Online-Messe veranstaltet wurde, ist bedauerlich, da gerade dieses Online-Novum in Zeiten der Globalisierung den Kunstmarkt leichter zugänglich machte. Auf Grund der starken Präsenz und des enormen Einflusses der etablierten „analogen Messen", wie der Art Basel, Art Cologne, Frize Art und vielen anderen, ist es offensichtlich schwer, sich im Internet gegen analoge Global-Player zu etablieren. Hinzukommend sind gerade bei Messen der Informationsaustausch und das zunehmend wichtiger werdende so genannte „net-working" Elemente, die online schlicht nicht entsprechend umgesetzt werden können.

5 Am Kunstmarkt partizipierende Online-Dienste

Zwei weitere interessante Möglichkeiten, im Internet am Kunstmarkt zu partizipieren, stellen folgende Unternehmen dar: Artflash.de und Artnet.de. Beide Dienstleister agieren rein online und haben in der virtuellen Welt eine Nische gefunden, mit der sie erfolgreich vom Kunstmarkt profitieren. Obwohl beide Unternehmen völlig unterschiedlich agieren und andere Kunden ansprechen, wäre diese Art der Geschäftsführung in einer analogen Version nur schwer vorstellbar. Sie demonstrieren anschaulich, wie sich mittlerweile ein rein virtueller Marktplatz für Kunst zu etablieren beginnt.

5.1 Artflash.de

Das 2012 von Katharina Bauckhage gegründete Unternehmen setzte sich das Ziel, den Erwerb von Kunst zu demokratisieren und den Markt leichter zugänglich zu machen.

> *Wir bieten Menschen mit wenig Zeit und großem Interesse an zeitgenössischer Kunst hochwertige Kunst-Originale weit unter Marktpreis. Wir spüren für unsere Mitglieder Kunstwerke von gefragten Künstlern auf. Hierfür arbeiten wir mit den besten Kunstvereinen Deutschlands, ausgewählten Galerien und renommierten Editionsverlagen zusammen.*[88]

---

[88] Bauckhage auf Artflash.de, vgl.: http://www.artflash.de/about (zuletzt aufgerufen am 01.08.2014).

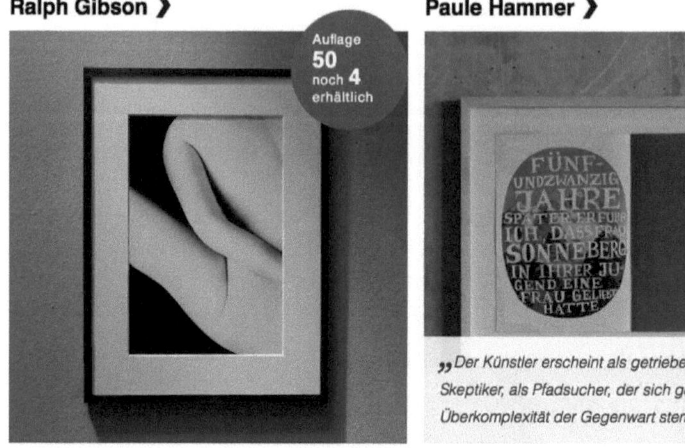

Screenshot: Kalender Artflash.de, vgl.: http://www.artflash.de, zuletzt aufgerufen am 01.08.2014.

Alle vierzehn Tage werden den Mitgliedern von Artflash.de zwei neue Künstler-Editionen angeboten, die signiert und limitiert sind. Die angebotenen Werke werden professionell und hochauflösend in einer privaten Umgebung fotografiert. So erhält der Käufer vereinfacht einen Eindruck, wie das Werk zu Hause wirken könnte. Das Angebot umfasst sowohl die Rahmung als auch die Lieferung. Nach einer einmaligen Anmeldung bei Artflash.de mit der E-Mail-Adresse ist es möglich, die jeweiligen Angebote zu studieren und zu kaufen.

Das besondere an Artflash.de ist zum einen, dass das Unternehmen wie ein Kunsthändler die Suche nach den Objekten übernimmt und diese dann zu verhältnismäßig günstigen Preisen anbieten kann. Insbesondere die langjährige Erfahrung der Gründerin und ihr kunsthistorisches Wissen ermöglichen es, Kunstwerke namhafter Künstler ausfindig zu machen und diese günstig zu kaufen. Häufig werden die angebotenen Arbeiten von Kunstvereinen,

Verlagen oder Galerien erworben.[89] Schon im 19. Jahrhundert suchten Sammler und Kuratoren gezielt nach jungen Künstlern, die es (noch) nicht ins Museum geschafft hatten. Um ihnen ein Forum zu bieten, gründeten sie die ersten Kunstvereine. Da es diesen nicht um kommerzielle Vermarktung, sondern allein um die Kunst an sich geht, ist es dort heute noch möglich, mittlerweile bekannte Werke von inzwischen bekannten Künstlern zu erwerben.[90]

Dieses kuratierte Kaufangebot hat in der Vergangenheit bereits in der Mode eine sehr gute Resonanz erfahren, wie beispielsweise Seiten wie net-a-porter.com oder mytheresa.com belegen.

Dieses vorbereitete Angebot bietet dem Sammler die Möglichkeit, sich alle zwei Wochen durch einen Newsletter informieren zu lassen und ansonsten nur schwer auffindbare Kunst im Vergleich zur eigenen Suche weniger zeitaufwändig sowie im Vergleich zur Beauftragung eines Händlers günstiger zu erwerben. Auch hier ist es für den Käufer von besonderer Wichtigkeit, dass die Angebote gut fotografiert sind und man sich so auch virtuell einen möglichst authentischen Eindruck vom Werk verschaffen kann. Hinzu kommt, dass eine unkomplizierte Kontaktaufnahme im Falle von Fragen gewährleistet ist.

Ein derartiges Unternehmen ist „analog" nur schwer vorstellbar. Artflash.de ist am ehesten vergleichbar mit einer Galerie; diese hat allerdings im Kontrast nur bestimmte Künstler unter Vertrag und kann auch nicht alle zwei Wochen neue Arbeiten anbieten. Auch die auf den ersten Blick vergleichbare Tätigkeit eines Artconsultant, der für den jeweiligen Interessenten versucht, günstig Werke zu erwerben, differiert nicht unerheblich: Dieser arbeitet nur für wenige Kunden, und auch wenn er die zum Verkauf stehenden Kunstwerke auch anderen Kunden anbietet, so gestaltet sich seine Tätigkeit doch sehr viel individueller als die Arbeit von Artflash.de.

---

[89] Vgl: http://www.artberlin.de/markt-marken/kunstmarkt-online.

[90] Roth: Einen Meese im Netz bestellen, in: Zeit-Online vom 05.10.2012, http://www.zeit.de/kultur/kunst/2012-10/Kunstplattform-artflash (zuletzt aufgerufen am 01.08.2014).

Mit Blick auf die Tatsache, dass sich jeder bei Artflash.de registrieren kann, um dort nur den Markt zu beobachten oder Kunst zu erwerben, wird abermals deutlich, dass das Internet den Kunstmarkt leichter zugänglich macht und dadurch ein Stück weit demokratisiert. Ist der Besuch einer Galerie sowohl zeitaufwändig als auch mit gewissen Hemmungen bei Erstkäufern verbunden, so bietet die Anonymität des Internets jedem die Möglichkeit, sich auf Artflash.de ungestört dem Objekt zu nähern und dieses frei von der Beobachtung eines Galeristen oder anderer potenzieller Käufer zu erwerben.

5.2 Artnet.de

Die artnet AG ist ein Online-Dienstleister für den internationalen Kunsthandel mit Hauptniederlassungen in Berlin und New York sowie Zweigstellen in China, Großbritannien und Russland. Das Unternehmen bietet unter anderem als Dienstleistung eine Online-Preisdatenbank an, die nach eigenen Angaben circa 7 Millionen Auktionsergebnisse von 700 internationalen Auktionshäusern umfasst.[91] Dadurch lassen sich die Preisentwicklungen am Markt vereinfacht verfolgen und Auktionsergebnisse verschiedener Künstler leicht nachvollziehen. Durch ein monatliches Abonnement werden die Daten den Kunden von Artnet.de zugänglich gemacht.

Die *Price Database Fine Art and Design* enthält Auktionsergebnisse seit 1985, die Verkaufsresultate in der *Price Database Decorative Art* beginnen mit dem Jahr 2000. Über die Preisdatenbanken lassen sich online Marktpreise und langfristige Preisentwicklungen von Kunstwerken recherchieren. Die nutzerfreundliche Suchmaske ermöglicht es, die Preisdatenbank nach Kriterien wie Objektkategorie, Epoche und Sammlungsgebiet, Verkaufsdatum, Auktionshaus oder Losbeschreibung zu durchsuchen. Die Suchergebnisse können im Konto des Benutzers gespeichert werden und stehen so auch zu einem späteren Zeitpunkt noch zur Verfügung.

---

[91] Vgl. www.artnet.com (zuletzt aufgerufen am 01.08.2014).

Durch diese Dienstleistung ist es jedem potenziellen Käufer oder Verkäufer möglich, eine „eigene" Schätzung verschiedener Werke unkompliziert von zu Hause aus vorzunehmen.

Waren noch vor zehn Jahren die Käufer von Kunst den Fachleuten, namentlich den Händlern, Galeristen und Auktionshäusern, in Bezug auf ihren Wissensstand in der Regel immens unterlegen, ist es heute jedem möglich, durch ein Abonnement bei Artnet.de zu erfahren, was das zu verkaufende Werk möglicherweise wert ist. Auch unerfahrene Teilnehmer am Kunstmarkt können so erfolgreich Kunst kaufen oder verkaufen. Die Angebote des Online-Dienstleisters sind derart konzipiert, dass sie für Kunden interessant sind, die nur einmalig Informationen über den Kunstmarkt einholen möchten, aber auch für Händler oder Galerien, die täglich unbeschränkt Zugriff auf die Datenbank benötigen. Das günstigste Angebot umfasst eine Freischaltung für einen Tag mit der Möglichkeit, fünf Recherchen vorzunehmen. Das umfassendste Angebot beinhaltet 1000 Recherchen innerhalb eines Jahres.

Screenshot: Angebote von artnet.de, vgl. https://www.artnet.de/price-database/?1, zuletzt aufgerufen am 01.08.2014.

Blickt man auf die Entwicklung von Artnet.de zurück, stellt man fest, dass das Unternehmen im Jahr 2000 nur knapp der Insolvenz entkommen konnte. Es wurde von diversen Finanzanalysen auf die so genannte „Todesliste" gesetzt, da man davon ausging, dass das Unternehmen in Konkurs ginge und die gehandelten Aktien wertlos würden.[92] Der Vorstandsvorsitzende der Aktiengesellschaft, Hans Neundorf, erklärt sich diese Entwicklung durch eine veränderte Akzeptanz und Nutzung des Internets.[93] Waren die Kunden im Jahr 2000 Internet-Firmen gegenüber noch skeptisch und unerfahren, ist heute, 14 Jahre später, eine veränderte Gesamteinstellung der Gesellschaft im Hinblick auf die virtuelle Welt eingetreten. Nicht nur junge Manschen und computerversierte Einzelgänger nutzen die diversen Möglichkeiten, die das World Wide Web bietet, sondern die gesamte Bevölkerung ist in einer neuen Bandbreite online.

Ähnlich wie Artflash.de ist auch die Dienstleistung von Artnet.de non-virtuell nicht vorstellbar. Allein die Erhebung der Daten und deren Speicherung sind ohne das Internet nicht realisierbar, nur so können eine Aktualität und ein einfacher Zugriff für die Kunden gewährleistet werden.

So wie Artflash.de erleichtert auch Artnet.de dem Laien und auch dem kunsthistorisch versierten Kunden einen unkomplizierten Zugang zur Kunst, beziehungsweise zu für den Kunsthandel relevanten Daten. Ein Unternehmen wie Artnet.de zeigt erneut, dass durch das Internet der gesamte Kunstmarkt demokratisiert und leichter verständlich wird. Der einstige Standesdünkel der besser situierten, Kunsthandel betreibenden Schicht wird durch derartige Institutionen aufgelöst und pluralisiert.

---

[92] FAZ vom 24.08.2001: Totgesagte leben länger, http://www.faz.net/aktuell/finanzen/neuer-markt-totgesagte-leben-laenger-128979.html (zuletzt aufgerufen am 01.08.2014).

[93] Ebd.

6 Fazit und Ausblick

Über die Verbindung zwischen dem Internet als New Economy und dem Kunstmarkt als Old Economy war viel vorausgesagt geworden. Nur ein Bruchteil davon sollte sich erfüllen, und manche Versteigerer scheiterten bei dem Versuch sich online zu etablieren, wie beispielsweise Sotheby's im Jahr 2000. Eine vermeintliche Ernüchterung kam zu Beginn des neuen Jahrtausends: Es schien, als ließe sich hochwertige Kunst ab einem gewissen Preisniveau online nicht verkaufen.

Der allgemeine Umgang mit digitalen Medien hat sich seitdem jedoch verändert: Digitalität ist selbstverständlicher geworden. Ein nicht unbeträchtlicher Teil des gewöhnlichen Kaufverhaltens hat sich ins Internet verlagert, Sammler und Galeristen kommunizieren inzwischen über Social Media. Das menschliche Auge hat sich so an Bilder in einer digitalen Darstellungsform gewöhnt, dass viele Museen Sorge um ihre Besucherzahlen haben, denn Kunst kann inzwischen intensiver, mit deutlich weniger Aufwand und günstiger online betrachtet werden.

Auf dem Kunstmarkt ist das Internet nur ein Verkaufskanal von vielen, bestätigen Studien[94] und schätzen den Anteil des Umsatzes mit etwa zehn Prozent. Immerhin zehn Prozent eines globalen Volumens von 64 Milliarden US-Dollar inspirieren auch den Bereich E-Commerce, wie das Beispiel Auctionata zeigt.[95]

Beispiele wie Auctionata, VIP Art Fair, Artnet.de und Artflash.de zeigen, dass eine Wende im Kunsthandel erreicht wurde und es durchaus einen Kundenkreis gibt, der bereit ist, Kunst und Antiquitäten online zu erwerben, wenn auch nicht in dem Preissegment wie bei traditionellen Auktionshäusern. Durch Vertrauen schaffende Maßnahmen, wie detailreiche fotografische Darstellung, ständige Möglichkeit der Kontaktaufnahme bis hin zum Live-Kontakt sind Kunden bereit, auch Kunst online zu ersteigern. Diese beiden Aspekte – hervorragende Fotos und eine einfache, persönliche Kontaktaufnahme – vereinen alle vier Konzepte und scheinen ein Garant für erfolgreiches Handeln mit Kunst im Internet zu sein.

Sicherlich wurde der digitale Wandel, der inzwischen auch die Kunstwelt erreicht hat, nicht durch die oben genannten Unternehmen ausgelöst. Vielmehr haben die Gründer dieser Firmen den Zeitgeist erkannt und den richtigen Zeitpunkt für eine Etablierung des Online-Handels gefunden. Verbesserte Infrastruktur, gesteigerte Sicherheit, seriöse Zahlungsmethoden im Internet und eine günstigere Technologie haben dazu geführt, dass mittlerweile rund 70 Prozent der Deutschen regelmäßig online sind. Die zusätzliche Nutzung von mobilen Endgeräten lässt diese Entwicklung weiter voranschreiten, eröffnet sie doch auf unkompliziertem und kostengünstigem Wege die Möglichkeit, von jedem Ort aus am virtuellen Leben zu partizipieren. Ob und wie sich diese Entwicklung im Hinblick auf den Kunstmarkt weiter fortsetzen wird, bleibt abzu-

---

[94] Kronsteiner: Fantastillionen mit dem Online-Kunsthandel, in: Handelsblatt vom 04.01.2013, http://www.handelsblatt.com/panorama/kunstmarkt/internetauktionen-fantastillionen-mit-dem-online-kunsthandel/7586980.html (zuletzt aufgerufen am 01.08.2014).

[95] Ebd.

warten, denn ebenso, wie sich die Konsumenten inzwischen an E-Books, Onlineshopping oder -banking gewöhnt haben, ist es vielleicht nur eine Frage der Zeit, bis dieselben Konsumenten bereit sind, noch größere Summen für online ersteigerte Kunst zu bezahlen. Das Beispiel des Verkaufs des Aquarells „*Liegende Frau*" von Egon Schiele zeigt jedenfalls, dass auch die Online-Versteigerung von Kunst von beträchtlichem Wert und gar in Millionenhöhe möglich ist, was vor zehn Jahren noch undenkbar schien. Doch nicht alles lässt sich online einfacher oder besser vermarkten, wie wiederum das Beispiel der Art Basel zeigt. Bei einer Messe geht es um mehr als den Verkauf allein. Eine Kunstmesse ist eine Zusammenkunft der einflussreichsten Akteure und ein Austausch über Wissen und Trends. Diese besondere Atmosphäre lässt sich online nicht herstellen und vermag somit einen persönlichen Kontakt nicht zu ersetzten.

Der global agierende Kunstmarkt wird sich dennoch der Digitalisierung nicht entziehen können, und traditionell handelnde Firmen, wie Sotheby's und Christie's, aber auch deutsche Traditionshäuser, wie Van Ham, Lempertz, Bassenge u.a., werden in der virtuellen Welt zukünftig mehr auf ihre Kunden zugehen müssen, um nicht Gefahr zu laufen, als antiquiert zu gelten. Die Kooperation von Sotheby's und Ebay zeigt, dass nun auch im Hochpreisigen Segment versucht wird, Kunden online zu erreichen und gerade ein Traditionshaus wie Sotheby's sich neuen Märkten öffnen muss um Marktführer zu bleiben. Unternehmen wie Artflash und Artnet zeigen, dass sich auch das Klientel, das Zugang zu dem Kunstmarkt hat, durch das Internet ändern kann. Selbstverständlich ist besonders im oberen Preissegment die Liquidität für den Kauf eines Kunstwerkes entscheidend, unabhängig davon, ob online oder persönlich gekauft. Dennoch wird durch diese Marktöffnung die Kunst einer breiten Gesellschaftsschicht zugänglich gemacht und einer pluralistischen Käuferschicht gegenüber geöffnet. Und dieser Fakt kann sich nur als Vorteil für die Gesellschaft an sich erweisen, wird doch die Kunst mit breiterem Zugang der Gesellschaft vermehrt Teil derselben und kann dadurch schließlich eine neue Wertschätzung erlangen.

Literatur und Quellen

Literatur

Baumeister (1974): Baumeister, Peter: Die Auktion. Zur Preisbildung für Seltenheitsgüter im Versteigerungsgewerbe, (Diss. Phil. Stuttgart 1974), Stuttgart 1974.

Drinkuth (2003): Drinkuth, Friederike Sophie: Der moderne Auktionshandel. Die Kunstwissenschaft und das Geschäft mit der Kunst. (Diss. Phil. Bonn 2003), Bonn 2003.

Czotscher (2008): Czotscher, Eric: „Die Kunst der Vermögensbildung", in Quad, Edgar (Hrsg.): Artinvestor – Wie man erfolgreich in Kunst investiert. München 2008.

Eisenbeis (2002): Eisenbeis, Markus: Die Zukunft des Auktionsmarktes, In: Pues, Lothar, Quadt, Edgar und Rissa (Hrsg.): ArtInvestor – Handbuch für Kunst und Investment, München 2002, S. 370-377.

Findlay (2012): Findlay, Michael: Vom Wert der Kunst – Ein Insider erzählt. München, London, New York 2012.

Garrett (1994): Garrett, Wendell: The Auction House Revisited. In Sotheby's – Art and Auction – The Art Market Review 1993 – 1994, London 1994, S. 50-55.

Gonzalez (2002): Gonzalez, Thomas: Kunstinvestment: Geschichte – Marktstruktur – Preisbildung, in Art-Investor – Handbuch für Kunst und Investment, München 2002, S. 79-103.

Herchenröder (1988): Herchenröder, Christian: Programmiertes Wachstum – Der Kunstmarkt am Ende der ereignisreichen Saison 1988/1989. In: Der Kunstmarkt im Handelsblatt. Bd. 10, Düsseldorf 1989.

Herchenröder (1990): Herchenröder, Christian: Die neuen Kunstmärkte. Analyse, Bilanz, Ausblick, Düsseldorf 1990.

Herchenröder (2000) Herchenröder, Christian.: Der Kunstmarkt im 20. Jahrhundert. In: Weltkunst. 70. Jahrgang. Nr. 10. September 2000, München 2000, S. 1684-1687.

Herbert (1990): Herbert, John: Inside Christie's, New York 1990.

Herrmann (1980): Herrmann, Frank: Sotheby's – Portrait of an Auction House, London 1980.

Höfer (1990): Höfer, Max: Der Tanz ums goldene Kalb. In: Michael Karl (Hrsg.): Kunst und Wirtschaft, Köln 1983, S. 180-192.

Kemle (2006): Kemle, Nicolai B.: „Kunstmessen: Zulassungsbeschränkungen und Kartellrecht", Berlin 2006.

Kronthaler (2008): Kronthaler, Helmut: „Kunstmessen – Galerien im Test" " in Quad, Edgar (Hrsg.): Artinvestor – Wie man erfolgreich in Kunst investiert. München 2008, S. 94-98.

Mühsam (1923): Mühsam, Kurt: Die Kunstauktionen, Berlin 1923.

Müllerschön (1991): Müllerschön, Bernd: Gemälde als erfolgreiche Kapitalanlage. Der Markt für Bilder des 19. Jahrhunderts: Fakten, Hintergründe, Trends, Stuttgart 1991.

North/ Ormrod (1998): North, Michael und Ormrod, David: Art and its Markets. In Arts Markets in Europe, 1400-1900. Hrsg. North, Michael. Ashagte 1998.

Oberender/ Zerth (2002): Oberender, Peter und Zerth, Peter: Eine Einführung in die Mikroökonomie der Kunst unter Berücksichtigung der wachsenden Bedeutung von Informationsmärkten. In: Pues, Lothar, Quadt, Edgar und Rissa (Hrsg.): Art-Investor – Handbuch für Kunst und Investment, München 2002, S. 67-75.

Pommerehne (1993): Pommerehne, Werner und Frey, Bruno: Ansätze einer Ökonomik der Kunst, München 1993.

Rumbler (2002): Rumbler, Andreas: Der Auktionator. In: Pues, Lothar, Quadt, Edgar und Rissa (Hrsg.): Art-Investor – Handbuch für Kunst und Investment, München 2002, S. 365-369.

Watson (1993): Watson, Peter: Sotheby's, Christie's, Castelli & Co. Der Aufstieg des internationalen Kunstmarkts, Düsseldorf, Wien, New York 1993.

Wenz (2008): Wenz, Rüdiger: Auktionshäuser: Welchem man warum den Zuschlag erteilt. In: Quadt, Edgar (Hrsg.): Artinvestor- Wie man erfolgreich in Kunst investiert. München 2008, S. 118-223.

Werner (2010): Werner, Henry: Modern Art for sale – Die bedeutendsten Kunstmessen der Welt, Düsseldorf, Berlin 2010.

Online-Medien

Dittmar, Peter: *Auktionshäuser steigern Umsatz – Führende deutsche Kunstversteigerer bilanzieren das Geschäftsjahr 2004,* in Die Welt 06.02.2005: http://www.welt.de/print-wams/article 122766/Auktionshaeuser-steigern-Umsatz.html, zuletzt aufgerufen am 01.08.2014.

Ergebnisse der ARD/ZDF-Onlinestudie 2013, vgl.: http://www.ard-zdf-onlinestudie.de, zuletzt aufgerufen am 01.08.2014.

Fernandez (2011): Fernandez, Gabriel: *The most expensive paintings ever sold,* in: theartwolf.com, vgl.: http://www.theart wolf.com/10_expensive.htm, zuletzt aufgerufen am 01.08.2014.

Gerig, Karen N.: *Art Basel verlangt von den Galerien neuerdings die Adressen ihrer Sammler,* in Tageswoche (Schweiz) am 20.04.2012: http://www.tageswoche.ch/+axrag, zuletzt aufgerufen am 01.08.2014.

Gropp, Rose-Marie*: Sotheby's geht mit Ebay - Adieu Noblesse, willkommen Massenpublikum* in FAZ online am 14.07.2014: http://www.faz.net/aktuell/feuilleton/sotheby-s-geht-mit-ebay-adieu-noblesse-willkommen-massenpublikum-13045282.html, zuletzt aufgerufen am 01.08.2014.

Karich, Swantje: *Die digitale Wende erreicht die Kunst,* in FAZ 15.07.2013: http://www.faz.net/aktuell/feuilleton/kunstmarkt/auktionen/onli ne-auktionshaus-auctionata-die-digitale-wende-erreicht-die-kun st-12280263.html, zuletzt aufgerufen am 01.08.2014.

Kohldehoff, Stefan: *Kokoschka selbst soll die Fälschung leidgetan haben,* in FAZ 15.12.2012: http://www.faz.net/aktuell/ feuille-ton/kunstmarkt/legendenbildung-kokoschka-selbst-soll-die-fael schung-leidgetan-haben-11993682.html, zuletzt aufgerufen am 01.08.2014.

Kronsteiner, Olga: *Fantastillionen mit dem Online-Kunsthandel,* in Handelsblatt 04.01.2013: http://www.handelsblatt.com/ pano-rama/kunstmarkt/internetauktionen-fantastillionen-mit-dem-on line-kunsthandel/7586980.html, zuletzt aufgerufen am 01.08.2014.

Kutscher, Barbara: *VIP Art Fair 2.0: Das Online-Geschäft mit Kunst nimmt Fahrt auf,* in Handelsblatt 02.02.2012: http://www.handelsblatt.com/panorama/kunstmarkt/vip-art-fair 2-0-das-online-geschaeft-mit-kunst-nimmt-fahrt-auf/6144452. html, zuletzt aufgerufen am 01.08.2014.

Laudenbach, Peter: *Ein Mann muss tun, was ein Mann tun muss,* in Brandeins 05/2012: http://www.brandeins.de/archiv/2012/loy alitaet/ein-mann-muss-tun-was-ein-mann-tun-muss.html, zuletzt aufgerufen am 01.08.2014.

Lischka, Konrad: *Online – Kunstauktionen: Dieses Hündchen ist 3000 Euro wert,* in Spiegel Online am 05.12.2012, vgl.: http://www.spiegel.de/netzwelt/web/online-kunstauktionen-auct ionata-artnet-und-christie-s-im-ueberblick-a-870730.html; zu-letzt aufgerufen am 01.08.2014.

Reinhardt, Nora: *Picasso online shoppen,* in Zeit-Online am 25.01.2012: http://www.zeit.de/2012/04/Kunstmarkt, zuletzt aufgerufen am 01.08.2014.

Roth, Jennifer: *Einen Meese im Netz bestellen* in Zeit Online am 5.10.2012: http://www.zeit.de/kultur/kunst/2012-10/Kunst platt-form-artflash, zuletzt aufgerufen am 01.08.2014.

Russeth, Andrew: *Artspace acquires VIP Art* in Galleristny.com 04.02.2013: http://galleristny.com/2013/04/artspace-acquires-vip-art/, zuletzt aufgerufen am 01.08.2014.

Timm, Tobias: *Kunstmesse: Neo Rauch ist ausgeladen,* in Zeit-Online am 25.01.2011: http://www.zeit.de/2011/04/Kunstmarkt, zuletzt aufgerufen am 01.08.2014.

Vogel, Carol: *Inside Art – Business is briks at Art Basel,* in New York Times, 17.02.2010: http://www.nytimes.com/2010/06/18/arts/design/18vogel.html, zuletzt aufgerufen am 01.08.2014.

Zeitz, Lisa: *Abramowitschs Rekorde: Da knallt der Hammer,* in FAZ am 20.02.2008: http://www.faz.net/aktuell/feuilleton/kunstmarkt/auktionen/abramowitschs-rekorde-da-knallt-der-ha mmer-1546362.html, zuletzt aufgerufen am 01.08.2014.

Webseiten

Art Basel: https://www.artbasel.com/

Artflash: http://www.artflash.de/

Artnet: www.artnet.com

Artvista: http://www.artvista.de/kunstmessen.php

Auctionata: www.auctionata.com

Christie's: http://www.christies.com/

Credit Suisse: https://www.credit-suisse.com/

RFC Museum: http://rfc.museum/about-us

Selection artfair: http://selection-art.com/index.php?pid=10&l=bd

Sotheby's: http://www.sothebys.com

Alle Webseiten zuletzt aufgerufen am 01.08.2014.

Dank

Mein größter Dank geht zunächst an Julia Sophie Baum. Vielen Dank, dass Du unermüdlich an der Verbesserung meiner Arbeiten mitarbeitest; ohne Dich wären meine Texte nicht dieselben!

Danke auch Simon Marchlewski und Laura Hasse für Eure Unterstützung.

Für die Coverempfehlung und darüber hinaus bin ich Sarah Milke besonders dankbar.

Vielen Dank für die Realisierung dieser Publikation an Dr. Harald Klinke und den Graphentis Verlag.

Mein herzlichster Dank abschließend an alle Unternehmen, die mir freundlicherweise die Nutzungsrechte aller abgebildeten Bilder eingeräumt haben, namentlich: Fotolia, Artothek – Bildagentur der Museen, Credit Suisse, Auctionata, Art Basel, Galerie Krinzinger, Faz.net, Artvista.com, Artflash.de und Artnet.de (in der Reihenfolge der abgedruckten Darstellungen).

Index